Gerhard Massenbauer

DIE KOMMENDEN ROARING TWENTIES

Das Konzept für den Börsenerfolg im neuen Investitionsboom

FBV

Bibliografische Information der Deutschen Nationalbibliothek
Die Deutsche Nationalbibliothek verzeichnet diese Publikation in der Deutschen Nationalbibliografie. Detaillierte bibliografische Daten sind im Internet über http://dnb.d-nb.de abrufbar.

Für Fragen und Anregungen
info@finanzbuchverlag.de

Originalausgabe, 1. Auflage 2021

Türkenstraße 89
80799 München
Tel.: 089 651285-0
Fax: 089 652096

Redaktion: Judith Engst
Korrektoratt: Anne Horsten
Umschlaggestaltung: Pamela Machleidt
Umschlagabbildung: nasti23033/shutterstock.com
Satz: Röser MEDIA GmbH & Co. KG, Karlsruhe
Druck: GGP Media GmbH, Pößneck
Printed in Germany

ISBN Print 978-3-95972-508-8
ISBN E-Book (PDF) 978-3-96092-964-2
ISBN E-Book (EPUB, Mobi) 978-3-96092-965-9

Inhalt

Vorwort

Als ich im Spätherbst 2016 mein Buch *Nie wieder Zinsen* zu schreiben begann, welches im Jahr 2017 im Finanzbuchverlag München erschienen ist, erwartete ich für die Börsen eine längere Phase der volatilen Seitwärtsschwankungen. Damals formulierte ich die Grundthese, dass es bei einem Zins von 0 Prozent oder darunter recht unwahrscheinlich sei, dass ein positiver Ertrag erwirtschaftet werden könne. Ja, ich war so skeptisch in dieser Hinsicht, dass ich es auch der Anlageklasse der Aktien nicht zutraute, positive Erträge zu erwirtschaften, die geeignet gewesen wären, die Inflationsrate zu schlagen.

Diese Entwicklung traf auf die europäischen Börsen und bis 2020 auch auf viele Börsen in den Emerging Markets zu. Nur in den USA und China war in den letzten beiden Jahren eine erfolgreiche Börsenentwicklung zu verzeichnen. In China setzte das Börsenwachstum jedoch auch erst 2020 mit der erfolgreichen Bewältigung der Pandemie ein.

Ich habe 2017 auch ein Konzept zur Bewältigung eines volatilen Seitwärtsmarktes entwickelt, den KANZ-Ansatz. Dieser Ansatz bedarf ein- bis zweimal jährlich einer Rekalibrierung. Das Konzept hat sich in den letzten Jahren in der Wirklichkeit der Vermögensverwaltung bewährt. Es hat sich gezeigt, dass die Umsetzung der Überlegungen wirksam war und bei mäßiger Volatilität zu einem guten Gesamtertrag führte. Bei hoher Volatilität waren Übererträge realisierbar. Lesen Sie dazu bitte die Ausführungen im Absatz: *Was wurde aus dem KANZ-Ansatz? – Kapitalanlage im Nullzinsumfeld?*

Ich darf schon an dieser Stelle anmerken, dass die Überlegung hierzu im Rückblick nicht nur recht einfach erscheint, sondern vor allem sehr erfolgreich war. Die Investition folgte der Überlegung, und wenn auch nicht jede Investition ein Bombenerfolg war, brachte die Zusammenstellung eine relativ ruhige und auch sehr ertragreiche Portfolioentwicklung mit sich.

Vor vier Jahren war der Buchtitel *Nie wieder Zinsen* eine Ansage, die viele als absurd ansahen. Mittlerweile ist es auch bis in den letzten Winkel der Eurozone vorgedrungen: Es gibt keine Zinsen mehr, und die Aussichten auf positive Zinserträge sind düster. Dabei stelle ich heute wie vor vier Jahren die ernst gemeinte Frage: Wünschen Sie sich wirklich steigende Zinsen? Ich meine, es spricht mehr dafür als dagegen, sich keine nachhaltig steigenden Zinsen zu wünschen (mehr dazu in den Kapiteln 4 und 5).

Mit diesem Buch will ich dazu beitragen, unsere Zukunft nicht als Bedrohung wahrzunehmen, sondern als Gelegenheit zur persönlichen und wirtschaftlichen Entwicklung und als Anregung, die eigene Freiheit der Entscheidung nicht gering zu schätzen, sondern zu pflegen – nämlich die Entscheidung darüber, was einem guttut.

Das Ziel dieses Buches: Ein Wegweiser für wahre Werte zu sein

Am Anfang steht: Der Mensch

Warum kommt es immer wieder zu schockartigen Verwerfungen?

Alle Menschen sind gleich – sagt das Gesetz. Doch gibt es verschiedenste Begabungen sowie Spezialisierungen in unterschiedlichsten Disziplinen. Selbst wer es beruflich in einer Disziplin zu etwas gebracht hat, etwa als Skilehrer am Arlberg, wird ohne Weiteres zur Kenntnis nehmen, dass es Spezialisten-Rennläufer gibt, die in Sachen Geschwindigkeit und Technik weitaus besser sind.

Woran es liegt, dass bei Finanzfragen oft nicht genauso gedacht wird, ist mir nach so vielen Jahren in diesem Metier noch immer nicht klar. Es fällt Menschen bei Finanzfragen schwer, einzusehen, dass es Profis gibt, die besser im Umgang mit Geld, Wertpapieren oder Derivaten sind, als die eigene Person. Offenkundig ist die Selbsteinschätzung in Finanzfragen entweder von Hoffnungslosigkeit, massivem Misstrauen oder von ebenso übertriebener Selbstüberschätzung geprägt.

Die Spezialisten haben nicht einfach Glück, sondern sie sind hochtrainierte Marktteilnehmer, die Entwicklungen akribisch verfolgen, sich selbst laufend schulen, Geld in Hilfssysteme investieren und ständig auf der Suche nach Einsicht in ihrem Spezialgebiet sind. Der wirtschaftliche Erfolg dieser Marktteilnehmer ist also die Folge von Fleiß und Können in sehr spezieller Ausprägung. Diese Spezialisten werden daher folgerichtig früher als die meisten anderen Marktteilnehmer erkennen, dass es zu Ungleichgewichten kommt. Daher werden diese Spezialisten von Entwicklungen weniger häufig überrascht als die Mehrheit der Marktteilnehmer.

Wenn Amateursportler sich mit Profis messen, werden sie kaum je gewinnen und vermutlich auch nicht böse auf den Profi sein, sondern eher einsichtig, dass ein Spezialist einfach mehr kann.

Ist das nicht eine zu positive Sicht auf die Spezialisten?

Neben den Spezialisten gibt es fraglos noch eine weitere Kategorie von Marktteilnehmern, die gegenüber der Mehrheit ihrer Mitstreiter im Vorteil ist: die gut Vernetzten, die sich mit eleganten Mitteln – und nicht durch Fleiß und Geist – Vorteile verschaffen. Ich sehe diese Clique als real existentes Phänomen in der menschlichen Gesellschaft an, der Korruption in keiner Ebene fremd ist.

Interessanterweise ist es vor allem diese Clique, die eine Bedrohung in der Gemeinde der tatsächlich begabten Spezialisten sieht, weil diese ihr Primat bedrohen. Diese Clique ist oft staatsnah organisiert und greift daher auf legalistische Mittel zurück, um der Bedrohung durch begabte Privatleute Herr zu werden. Wer die Entwicklung der Regulatorik der letzten zwölf Jahre betrachtet, erkennt unzweifelhaft, dass kleinere Institutionen mit Regularien erdrückt werden, die sie zunehmend schwierig umsetzen können. Der zeitliche Aufwand und das dafür benötigte Kapital sind enorm hoch.

Die Folge sind immer größere, von oben gut lenkbare Großinstitutionen, die eng miteinander vernetzt kooperieren.

Meiner Einschätzung nach sind es vor allem diese Cliquen, denen ein negatives Image für Marktentwicklungen zuzuschreiben ist. In der Realität haben die Spezialisten durch die Machtverhältnisse aber das schlechte Image – und nicht die Cliquen. Das zeigte sich zuletzt in den USA, als Millionen Kleinanleger einen Wall Street Hedgefonds attackierten, der ein Beispiel für solche Spezialisten ist.

Warum haben Finanzmarktspezialisten ein schlechtes Image, während Sportler als Helden verehrt werden?

Sportler stehen in der Öffentlichkeit und leben von einer oft irrationalen Identifikation ihrer Fans mit ihrer Person und ihren sportlichen Erfolgen. Finanzmarktspezialisten scheuen die Öffentlichkeit eher, als sie zu suchen, denn sind sie erfolgreich, sind sie oft (wenn auch nicht immer) sehr wohlhabend. Dies zieht das Interesse von Verbrechern an; und am Ende handelt es sich auch bei diesen Spezialisten nur um Menschen mit Familien, die unbehelligt leben wollen. Die Scheu vor der Öffentlichkeit ist es, die diese Spezialisten vielen Menschen suspekt erscheinen lässt. Zudem sind ihre Handlungen nicht live nachvollziehbar, und nach außen erscheint die Beauftragung eines Derivatehandels oder eines Aktienkaufs auch vollkommen unspektakulär.

Was die Mitglieder der Cliquen, aber auch der Finanzmarktspezialisten, zum Ziel von Feindseligkeit macht, ist nicht primär ihr Erfolg. Es ist eher der Eindruck, dass ihr Erfolg darin besteht, dass sie anderen etwas wegnahmen, die weniger gut vernetzt oder tüchtig sind. Dem kann man ja kaum entgegnen, es wäre nicht wahr.

Am Finanzmarkt geht es in erster Linie darum, bessere Entscheidungen zu treffen als der Durchschnitt der anderen Marktteilnehmer. Dabei ist es oft nur möglich, etwas zu gewinnen, was andere gleichzeitig verlieren. Das zu kritisieren, wäre aber genauso geistreich und richtig, wie zwei Bauern miteinander zu vergleichen, bei dem einer jeden Tag zur Arbeit geht, während der andere nichts tut. Beide werden am Ende ihren Ertrag einfahren: Warum sollte der Nachlässige etwas anderes erreichen als den Verlust des Saatguts, das er zu Beginn ausgebracht hat? Der fleißige Bauer wird vom nicht so fleißigen vermutlich aber dennoch beneidet werden.

Oft besteht der Gewinn von Spezialisten darin, Entwicklungen früher korrekt einzuschätzen als andere, die auf den fahrenden Zug aufspringen. Wer preiswert kauft, wird erfolgreich sein. Dieses Geschick neidet kaum jemand, weil in der Folge alle anderen auch etwas verdienen können.

Die Spezialisten sehen aber nicht nur Aufwärtsentwicklungen früher als die Masse der Investoren, sie können auch das Ende einer Entwicklung früher erkennen. Und hier beginnt sich dann die Abneigung zu regen, weil es den Spezialisten gelingt, Verluste zu vermeiden. Sie schlagen sogar Kapital daraus, während die Masse der Investoren verliert. Aber warum ist das verwerflich?

Ethik ist ein philosophisches Thema – und kein ethischer Ansatz wird allen gerecht

Wenn es nach mir geht, müsste vor allem den Cliquen ein Riegel vorgeschoben werden. Die Clique erlangt durch unfairen, nicht immer legalen Informationsfluss Vorteile und nutzt ihre großen Geldvolumina dazu, andere Marktteilnehmer zu scheren, die über diesen Vorteil nicht verfügen.

Ist es realistisch, dass die Cliquen beschränkt werden? Nein, dies ist unwahrscheinlich und würde radikale Änderungen in der Gesellschaft erfordern – wie etwa während der Französischen Revolution. Weder wünsche ich mir eine solche gesellschaftliche Radikalisierung, noch erwarte ich sie noch zu erleben.

Wir nehmen also hin: Es gibt Spezialisten, aber auch Cliquen, die Vorteile erwirtschaften

Ich habe mein Leben lang daran gearbeitet, ein Spezialist zu werden. Wenn ich meine Vita betrachte, habe ich mehr richtiggemacht als falsch. Die Fehler sind wichtig, weil sie Demut lehren und die Einsicht vermitteln, wie wichtig es ist, zwischen Angst und Vorsicht ehrlich zu unterscheiden.

Ehrlichkeit ist vermutlich die wichtigste Eigenschaft eines Spezialisten wie eines jeden Anlegers, vor allem die Ehrlichkeit zu sich selbst. Die Ehrlichkeit ist wichtig, wenn zwischen Wissen und Einbildung zu unterscheiden ist. Weiß ich um die Sicherheit meiner Analyse oder bilde ich sie mir ein? Wer hier nicht sicher beurteilen kann, wie ehrlich er gerade zu sich selbst ist, ist kein Spezialist, sondern ein Träumer.

Es gibt Laien, die weder Einfluss noch echtes Spezialwissen haben

Ich betrachte mich selbst als Spezialisten. Viele Menschen sehen sich als Spezialisten am Markt, sind aber doch nur Träumer. Es wäre sinnvoll, ehrlicher zu sich selbst zu sein und Spezialisten zu suchen, welche die Gefahr reduzieren, als Laie Geld zu verlieren. Dummerweise muss man Spezialisten bezahlen, davor scheuen viele zurück und bleiben daher Träumer, die mangels spezialisierter Einsicht am Markt sehr viel mehr liegen lassen als die vergleichsweise niedrigen Beträge, die der Spezialist fordert.

Wenn ich als Spezialist andere Marktteilnehmer als Träumer bezeichne, werden das manche anmaßend finden. Ehrlichkeit ist eine Tugend. Wer nicht zur Kenntnis nimmt, selbst mangels Cliquen-Verbindung oder Spezialwissen ein Träumer zu sein, wird fortgesetzt verlieren. Meine Haltung ist also alles andere als verächtlich, ich betrachte sie als offen und zugewandt. Es geht darum, den Einfluss der Spezialisten und der »Geber« zu stärken. Die Cliquen bleiben wohl dominant, aber ein bisschen spürbare Konkurrenz schadet nie. Es steht Ihnen frei, zum Spezialisten zu werden. Es erfordert aber volle Passion und Kapital, um diesen Status nach einigen Jahren zu erreichen. Zeit für einen Brotberuf bleibt dann keine mehr!

Ich beginne meine einführenden Grundüberlegungen für mein Buch mit Gedanken zur geldpolitischen Hyperventilation der globalen Notenbanken, bei denen in der Corona-Krise ein hoher Grad an gegenseitiger Abstimmung zu beobachten war.

1. Die Notenbanken liquidieren das System

Notenbanken können Liquidität schaffen, aber weder die Flussrichtung noch die Fliessgeschwindigkeit beeinflussen

Das Jahr 2020 brachte den schnellsten und stärksten Einbruch der Börsen im Frühjahr. Die darauf einsetzende Erholung brachte bis zum Jahresende eine vollständige Erholung an den meisten Börsenplätzen – in vielen Fällen führte dies sogar zu neuen Jahreshöchstständen oder Allzeithochs.

Die Hauptursache dafür war das marktmanipulative Eingreifen der Notenbanken in den Markt durch eine extreme Ausweitung der Geldmenge und des Liquiditätsangebots.

Zu beachten ist, dass die Notenbanken, unter Führung der amerikanischen Federal Reserve (Fed), diesen Eingriff seit 1987 in wiederkehrender Form geübt haben. Die Dimensionen der Eingriffe sind dabei von Mal zu Mal enorm angestiegen. Die Notenbanken rechtfertigen ihre Eingriffe mit dem Argument, dass die Märkte dysfunktional seien und ihr Eingreifen daher alternativlos sei. Dieses Narrativ kann nur funktionieren, weil Notenbanken Machtinstitutionen sind, deren Glaubwürdigkeit gesetzlich verankert ist. Eine Betrachtung, die das ignoriert, wird zu falschen Schlüssen führen.

Wären Notenbanken an der Vernunft eines ordentlichen Kaufmanns zu messen oder aus der Perspektive der Naturwissenschaft zu beurteilen, so wäre ihr Verhalten aus kaufmännischer Sicht nicht tragfähig, weil begrenzte Mittel beziehungsweise eine begrenzte Kreditfähigkeit durch Kredit unbegrenzt »aufgeblasen« werden. **Notenbanken brauchen keine Kreditfähigkeit wie ein Kaufmann, und daher agieren sie auch anders.**

Aus naturwissenschaftlicher Perspektive erscheint es fragwürdig, mit immer der gleichen Versuchsanordnung unterschiedliche Ergebnisse erzielen zu wollen. Die Notenbanken scheitern seit mehr als 30 Jahren offenkundig daran, mit ihren Eingriffen einen nachhaltig funktionalen Markt herzustellen. Die Notenbanken senkten bei Marktkrisen laufend die Zinsen. Als das nicht mehr in ausreichendem Umfang möglich war, druckten sie Geld, um die Märkte mit Liquidität zu fluten. Es ist unsinnig, mit Liquiditätsausweitung allein (sei es durch Zinssenkung oder durch Gelddrucken) ein nachhaltig stabiles Marktumfeld herstellen zu wollen. Albert Einstein definierte ein solches Verhalten, mit derselben Versuchsanordnung unterschiedliche Ergebnisse zu erwarten, als Irrsinn.

Warum hat das Eingreifen der Notenbanken den Markt nicht nachhaltig stabilisiert?

Im Unterschied zu Notenbanken greifen Kaufleute (= Marktteilnehmer) nicht auf unbegrenzte Macht oder Liquiditätsschöpfung zurück und verhalten sich daher kaufmännisch vorsichtig.

Kommt es zur Wahrnehmung einer Marktkrise, verhalten sich Marktteilnehmer entsprechend risikoavers und vorsichtig; sie ziehen verfügbare Liquidität an sich. Dadurch kommt es bei raschen Anpassungsprozessen zu einer Liquiditätsverknappung bei den schwächeren und Liquiditätshortung bei den robusten Marktteilnehmern. Üblicherweise ist dieser Vorgang ein Bereinigungsprozess, der in der Wirtschaft zu einer Trennung zwischen überlebensfähigen und absterbenden Unternehmen führt.

In den 1970er- und 1980er-Jahren hat dieser Prozess noch weitgehend funktioniert. Seit aber Alan Greenspan 1987 die Funktion des Notenbankpräsidenten in den USA eingenommen hat, haben sich die Verhältnisse zu ändern begonnen. Spätestens mit der Finanzkrise 2008 war klar, dass der oben skizzierte Bereinigungsprozess nicht mehr stattfinden kann, weil er verhindert wird.

Das Finanzsystem hat nach einer Phase der Hochzinsentwicklung und daraus folgender Austerität mit Thatcherismus und Reaganomics zu einem System immer größerer Volumina im Derivatemarkt geführt, den etwa Warren Buffett schon Anfang des neuen Jahrtausends als Atomwaffenarsenal bezeichnet hat. Der Finanzsektor bietet Unmengen von Derivaten, sei es über die Börsen, über Schattenbörsen oder OTC (die Abkürzung steht für »over the counter«, gemeint ist der Direkthandel mit Banken). Mittlerweile gibt es auch sehr viel mehr Indizes und ETFs, die diese replizieren, als zugrundeliegende Assets.

Auch für diese Finanzinstrumente gilt, dass sie von Marktteilnehmern gehalten werden, die dazu neigen kaufmännische Vorsicht walten zu lassen, weil sie nicht über unendliche Feuerkraft verfügen.

Wenn die Notenbanken in unerschöpflicher Menge Liquidität schöpfen, erweitert das die Gestaltungsmöglichkeit der Marktteilnehmer, die in der Geldmengenerweiterung durch die Notenbanken zusätzliche Mittel erhalten und rational richtig eine Gelegenheit zum Investieren erkennen. Schränken die Notenbanken später die Liquiditätsversorgung ein, erkennen die Marktteilnehmer, dass sie in ihrem Verhalten vorsichtiger werden müssen. Sie ziehen Liquidität an sich, gerade weil sie ja als Kaufleute nicht über unendliche Feuerkraft verfügen.

Das Ende des Zinssenkungszyklus beeinflusst die Erwartungen für die kommenden 10 bis 20 Jahre

In den letzten 40 Jahren sind die Zinsen weltweit – unter Schwankungen – massiv gesunken. In den USA von 18 Prozent auf aktuell 1,6 Prozent für Anleihen mit zehnjähriger Laufzeit.

Diese Zinssenkung hat sowohl einen Börsen- und Immobilienboom als auch einen Anleihen-Boom verursacht. Die Aufschwünge wurden noch verstärkt durch die immense Ausweitung der Geldmenge M2 in dieser Zeit. Interessant ist, dass es diese Geldmengenausweitung ist, die das Immobilienpreiswachstum in guten Lagen am besten beschreibt (London oder die Stadt Salzburg erlebten in den vergangenen 20 Jahren ein Immobilienpreiswachstum von rund 6,25 Prozent p. a., was auch der durchschnittlichen Aufwertung guter Immobilienlagen entsprach – während die Inflation nur knapp bei 2 Prozent lag, was für Peripherieliegenschaften eine naheliegende Preissteigerungsrate war).

Die Zinsen stagnieren – aber Geld wird weiter gedruckt

Geldmenge M2 USA: Die Dynamik erhöhte sich mit dem Quantitative Easing bereits in den 2010er-Jahren. Die Corona-Krise erhöhte die Dynamik noch in erheblichem Umfang. (Quelle: www.themarket.ch)

Diese Annahme habe ich bereits in meinem Buch *Nie wieder Zinsen*, FBV 2017, vertreten. Tatsächlich sind die Zinsen weltweit gesehen seitwärts gelaufen, wobei einzelne Märkte sich erst in den letzten Jahren auf japanisches oder europäisches Niveau abgesenkt haben. Nun ist aber Schluss, und wir dürfen davon ausgehen, dass die Zinsen global ihr tiefstes Niveau erreicht haben.

Die Notenbanken haben in der Corona-Krise die Liquidität im Markt massiv ausgeweitet. Wie schlecht es den Märkten bekommt, wenn die Notenbanken ihnen Liquidität entziehen, hat die Fed 2019 gelernt, als es im amerikanischen Repomarkt zu gravierenden Verspannungen gekommen war. Die Fed hatte ab Mitte 2018 bis September 2019 die Liquidität, die sie nach der Finanzkrise 2008/2009 in den Markt injiziert hatte, teilweise und langsam wieder entnommen.

Die Corona-Krise ließ die Maßnahmen der Fed in den folgenden Monaten von September 2019 bis Februar 2020 aber fast schon lächerlich erscheinen. Die Fed fügte in diesen fünf Monaten die gesamte Liquidität wieder hinzu, die sie zuvor über 15 Monate hinweg dem Markt entzogen hatte. Dann kam Corona, und die Fed injizierte allein im März 2020 3.000 Mrd. US-Dollar ins System und damit sechsmal so viel, wie in den fünf Monaten davor.

Die Fed hatte auch die Zinsen im Laufe des Jahres 2019 bereits gesenkt, mit der Corona-Krise sanken auch die amerikanischen Geldmarktzinsen auf 0,00 bis 0,25 Prozent, und da werden sie nun lange bleiben.

Gleichzeitig betonte die Fed, sie werde unbeeindruckt von der mittelfristigen Inflationsentwicklung daran festhalten, Geld zu drucken (ich benutze vereinfachend diese Terminologie, wenn auch Quantitative Easing irgendwie flotter klingt). Die Fed allein brachte jeden Monat nach dem März 2020 120 Mrd. frische Liquidität in den Markt. Das sind 1.440 Mrd. US-Dollar oder 6 Prozent des Bruttoinlandsproduktes der USA, die bis auf weiteres, Monat für Monat und Jahr für Jahr ins System gepumpt werden.

Die Fed hat auch betont, sie werde daran nichts ändern, wenn die Inflationsrate steigen würde. Ja, sie werde auch dann noch untätig bleiben, wenn die Inflationsrate, die nun so lange so tief gelegen hatte, über das Inflationsziel von 2 Prozent hinaus ansteige. Sie würde dann so lange warten, bis die Inflationsrate im langfristigen Schnitt (inklusive der Jahre schwacher Inflationsentwicklung in den vergangenen zehn Jahren) über 2 Prozent ansteigen würde. Im Ergebnis kann das bedeuten, dass die Fed die Zinsen in den kommenden zehn Jahren nicht anheben muss und auch das Gelddrucken fröhlich fortsetzen wird.

Ich hebe hier das Verhalten der amerikanischen Notenbank vor allem deshalb so hervor, weil die Fed der Schrittmacher für alle anderen Notenbanken rund um die Welt ist. Was die Fed macht, wird von diesen in der Regel nachvollzogen – nur China und Russland richten sich nicht danach, sondern machen, was sie für richtig halten.

2020 brachte einen globalen Liquiditätsüberfluss

Wir befinden uns in einer bemerkenswerten Zeit. Selbst die amerikanische Notenbank Fed hat eingestehen müssen, dass sie im Frühjahr 2020 einige rote Linien überschritten hat. Das klingt nicht harmlos. Vielleicht war es tatsächlich alternativlos. Mit diesem Kapitel möchte ich einen Rundblick über das Wirken der Notenbanken rund um die Welt vornehmen und deren Auswirkungen beleuchten.

Die Notenbanken haben die Märkte seit März und April 2020 geflutet!

Der März 2020 brachte den rasantesten Absturz der Börsen in der Geschichte der Börsenkrisen. Vor allem bei der amerikanischen Notenbank entstand Angst davor, die Finanzmärkte der USA könnten nachhaltig Schaden nehmen. Daher entschloss sich die Fed, ihre ohnehin schon aufgeschwollene Bilanz von allen Schranken zu befreien. Die Marktreaktion im März 2020 war heftig – das war der schnellste Absturz der Börsengeschichte. In Anbetracht eines globalen Lockdowns, des absehbaren Einbruchs der Weltwirtschaft, möglicher Massenarbeitslosigkeit und der neuerlich aufflammenden Spannungen zwischen den ölproduzierenden Ländern sowie zwischen den USA und China schien das auch eine angemessene Marktreaktion zu sein.

Das Eingreifen der Notenbanken hat verhindert, dass die Panik sich verschärft.

Ohne die Liquiditätsflut, die sich über Aktien- und Anleihenmärkte ergoss, wären die Kurse zweifelsohne noch tiefer gesunken. Unternehmen, deren Anleihen 2020 ausliefen, hätten vielleicht keine Möglichkeit gefunden, sich zu refinanzieren. Eine Reihe von Insolvenzen wäre dann abzuwickeln gewesen. Dies hätte die Märkte, aber auch das gesamte Finanzsystem, noch stärker unter Druck gesetzt, und damit wären auch die Börsenkurse wohl noch tiefer gesunken.

Wir müssen heute froh sein, dass die Notenbanken eingegriffen haben. Es ist allerdings bedauerlich, dass dies nur notwendig wurde, weil die Notenbanken und Staaten seit mehr als 30 Jahren ständig in das Marktgeschehen eingreifen und bestehende Probleme in die Zukunft verlagern. Das ist diesmal nicht anders. Doch wird dadurch jedes Mal das Nachfolgeproblem vergrößert.

Die Notenbanken – ein Blick um die Welt

Über unsichere Zeiten zu jammern bringt nichts. In der aktuellen Lage sollten Sie bestimmen, wo Sie sich selbst sehen und wo die nähere Umgebung, Ihre Märkte, Ihre Kunden und die Gesellschaft. Haben Sie dies geschafft, können Sie die Lage analysieren und einen Weg für sich finden, der Ihren Bedürfnissen und Fähigkeiten entspricht. Wo Sie feststellen, dass Ihnen das allein nicht gelingt, holen Sie sich Unterstützung. Wenn diese nicht kostenlos zu bekommen ist, ist eine Kosten-Nutzen-Analyse anzustellen. Diese hat das Ziel zu evaluieren, ob Sie als Investor allein nach Abzug der Kosten besser klarkommen oder ob das nicht wahrscheinlich ist. Benötigte Hilfe anzunehmen ist kein Zeichen von Schwäche, sondern von Klugheit.

Warum ist die Entwicklung des Volumens der Notenbankbilanzen wichtig?

Ich analysiere monatlich rund 30 Währungen. Dazu gehört es auch, die Entwicklung der Notenbankbilanzen zu beobachten. Ich habe 2009 damit begonnen, der Entwicklung der Notenbankbilanz der SNB zu folgen, noch bevor sie 2011 eine feste Kursschwelle zum Euro bei 1,20 EUR/CHF etablierte und zu verteidigen begann. Der damalige Notenbankpräsident Hildebrand und sein Nachfolger, der heutige Notenbankpräsident Dr. Jordan, haben bis 2015 immer wieder betont, dass das Arsenal der Schweizer Nationalbank ausreichend sei und die SNB gewillt sei, die Schwelle bei 1,20 EUR/CHF unter allen Umständen zu halten. Dies ist die Urform des *Whatever it takes*, die Mario Draghi zugeschrieben wurde, als er diese Wendung 2012 am Höhepunkt der europäischen Schuldenkrise benutzte.

Wie wir heute wissen, war das Versprechen der SNB leer. Sie ließ die Schwelle ohne Ankündigung am 15. Januar 2015 fallen. Dies führte zum stärksten Kursanstieg einer Währung in der Geschichte. Binnen 30 Minuten sank der Euro von 1,20 auf 0,82 EUR/CHF ab – eine Veränderung um fast 50 Prozent. Dagegen war der Kurssturz an den Börsen im März 2020 ein Kinderspiel. Ich hatte im September 2014 erkannt, dass die Notenbankbilanz der Schweiz enorm angeschwollen war. Der Franken konnte sich jedoch nicht mehr von der Schwelle bei 1,20 EUR/CHF distanzieren. Meine Analyse ergab damals, dass ein Versagen der Notenbank zu erwarten sei, ihr Versprechen durchzuhalten. Ich schrieb damals davon, dass »der Franken über den Jordan ginge«. Tatsächlich hat Präsident Dr. Jordan die Entscheidung verkündet und damit begründet, dass die Notenbank nicht mehr gewillt sei, in dem unglaublichen Ausmaß darin fortzufahren, Devisen anzukaufen. Der Bestand an Devisen der Schweiz hatte sich seit 2008 von 100 Mrd. CHF auf 470 Mrd. CHF im Jahr 2015 gesteigert. Sollte man nun annehmen, dass die SNB diesmal ihr Wort hielt und mit ihrer Intervention aufhörte? – Weit gefehlt! Die SNB hat 2015 nicht etwa aufgehört Devisen zu kaufen, sie hat richtig in die Vollen gegriffen. Heute ist die Bilanzsumme der SNB auf knapp 1.000 Mrd. CHF angeschwollen. Die SNB hat ihre Bilanzsumme in den vergangenen fünf Jahren also nochmals um 115 Prozent gesteigert!

Daraus ergeben sich mehrere Schlussfolgerungen:

1. Notenbanken sprechen nicht (immer) die (vollständige) Wahrheit im Hinblick auf das aus, was sie denken.
2. Wahr ist, was Notenbanken tun, und das widerspricht oft dem, wie wir ihre Worte verstehen (sollen).
3. Es gilt, aufmerksam zu bleiben und stets zu überprüfen, was Notenbanken sagen und was sie tatsächlich beabsichtigen.

Diese Erfahrung und die Richtigkeit, das Tun der SNB zu überprüfen, haben mich dazu inspiriert, dieses Kapitel zu schreiben. Wir brauchen einen klaren Blick auf das Geschehen und die Wirkung der Maßnahmen rund um den Globus. Erst aus dieser Beobachtung können wir bestimmen, wo wir stehen und wie es weitergehen könnte. Ich denke, im Jahr 2020 bestand für die Notenbanken erstmals in den vergangenen 34 Jahren eine wirkliche Notwendigkeit zu intervenieren. Betrachten wir die enormen Schulden der Staaten, der Unternehmen und vielfach auch der Privatleute, ist das Problem, mit dem wir zu tun haben, sehr viel größer, als uns lieb sein kann.

Was bedeutet die Erhöhung der Schulden und die Ausweitung der Bilanzen?

Nicht alle Notenbanken agieren gleich – die aggressive Gruppe

Es gibt drei Gruppen von Notenbanken: jene, die bisher keine Maßnahmen gesetzt haben, solche, die eine deutliche Ausweitung ihrer Bilanzsumme vorgenommen haben (10 bis 25 Prozent), und solche, die enorme Anstrengungen unternommen haben (mehr als 50 Prozent Ausdehnung ihrer Bilanzsumme).

Ich beginne mit der Darstellung von drei Notenbankbilanzen mit der aggressivsten Ausdehnung der Bilanzsumme:

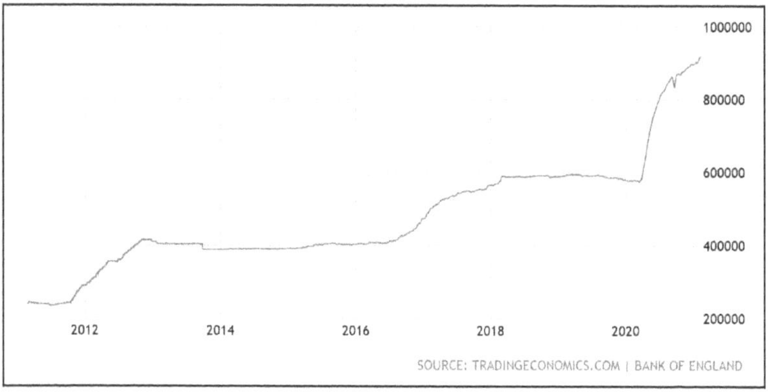

Notenbankbilanz Großbritannien: Die Notenbankbilanzsumme Großbritanniens war lange Zeit recht stabil gewesen. Der Brexit-Entscheid 2016 sorgte dann allerdings für einen Liquiditätsschub, die Pandemie für einen Exzess. (Quelle: www.tradingeconomics.com)

Die britische Notenbank hat seit März 2020 das System mit Liquidität geflutet – plus 50 Prozent Bilanzsummensteigerung allein 2020, plus 300 Prozent seit 2012!

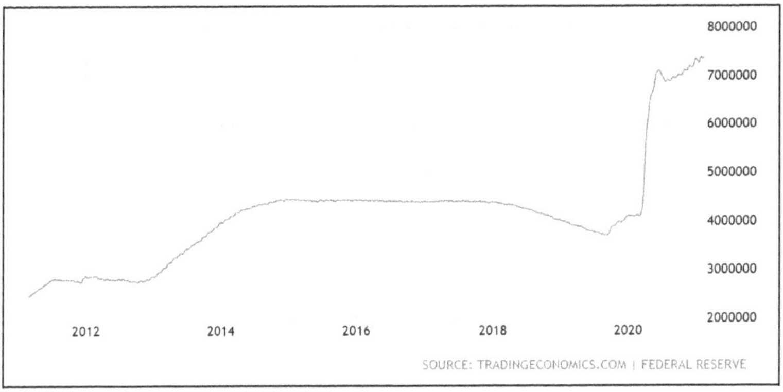

Notenbankbilanz USA: Seit September 2019 hat die Fed ihre Bilanzsumme verdoppelt. Aktuell steht sie bei 7,4 Billionen US-Dollar. Ich erwarte, dass die Fed ihre Bilanzsumme bis Mitte 2022 noch deutlich stärker ausweiten wird. (Quelle: www.tradingeconomics.com)

Das Ziel der Liquiditätsspritzen der Fed war die Beruhigung wesentlicher Anleihenmärkte und der Börse mit dem Hauptziel, das Finanzsystem intakt zu halten. Der Ankauf von Unternehmensanleihen und Municipals (kommunalen Anleihen) erschien vorher undenkbar, wurde nun aber erstmals ebenfalls durchgeführt. Die Liquidität milderte in Kombination mit Geldzahlungen direkt an die Bevölkerung die zu erwartende Rezession der USA vergleichsweise deutlich ab. Sie war nur halb so stark ausgeprägt wie in Europa oder Japan.

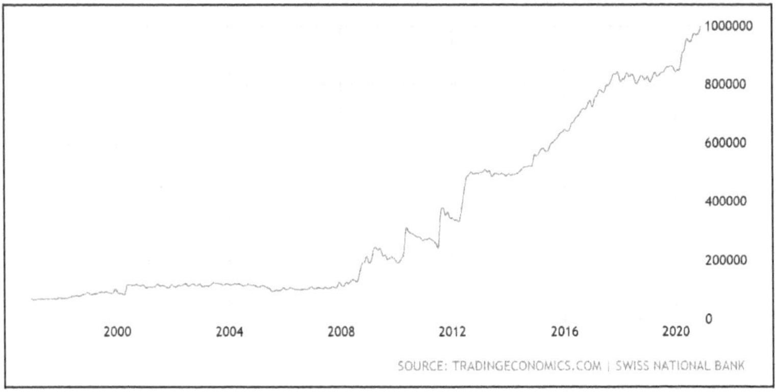

Notenbankbilanz Schweiz: Bis 2008 war die Notenbank der Schweiz nicht gezwungen einzuschreiten. Der Frankenkurs entwickelte sich ruhig, und so waren auch die Devisenreserven stabil. Mit der Finanzkrise begann der Druck auf den Franken zuzunehmen. Erstaunlich ist dabei, dass der Franken gegenüber dem Euro um 40 Prozent gestiegen ist und die schweizerische Wirtschaft dennoch zu den stabilsten und erfolgreichsten Volkswirtschaften der Welt gehört. (Quelle: www.tradingeconomics.com)

Die Schweizer Nationalbank und ihr Tun verfolge ich am längsten. Im Unterschied zu den vorgenannten Nationalbanken hat die SNB ein einfaches Ziel: die Schwächung des Frankens, um die Exportwirtschaft der Schweiz nicht zu gefährden. Das geht nur zulasten anderer Währungen. Je stärker die Nationen in der kommenden Zeit unter wirtschaftlichen Druck kommen, desto unhaltbarer wird die Lage der SNB, den Franken durch Devisenkäufe zu schwächen. Sie druckt nicht einfach nur Franken, um mehr Liquidität zu schaffen. Sie druckt Franken, um ausländische Anleihen und Aktien zu kaufen. Dadurch betreibt sie Währungsmanipulation, die vor allem zu Problemen mit den USA führen dürfte, was zu einer Beendigung der aktuell sehr expansiven Politik beiträgt.

Ich bin mir sicher, dass der Franken in den kommenden beiden Jahren eine erhebliche Aufwertung erfahren wird (vgl. Kapitel 11).

Die grössten Gelddruckprogramme reflektieren die grössten Probleme

Ich bin immer wieder erstaunt, wie gelassen viele Marktteilnehmer die Aktionen der Fed beurteilen. Die enormen Mittel, welche die Fed bereitstellt, zeugen von den immensen Problemen, die der amerikanische Kapitalmarkt mittlerweile hat. Vor 2020 galt es als undenkbar, dass die Fed Unternehmensanleihen aufkaufen würde. Es lässt sich jedoch nachvollziehen, dass sie dies tat, um die Zinskonditionen für amerikanische Unternehmen neben der Belastung durch die Pandemie nicht auch noch explodieren zu lassen. Das Problem dabei ist: Die Vorgehensweise der Fed manipuliert die natürliche Auslese, welche schwache Unternehmen mangels Finanzierungsmöglichkeiten normalerweise aus dem Markt werfen würde.

Damit wird die Zombifizierung der Wirtschaft auf die Spitze getrieben und der Moral Hazard auf ein neues Niveau gehoben, sprich die Fehlanreize, die zu leichtsinniger Spekulation verleiten. Durch die implizite Garantie der Fed für den Unternehmensanleihenmarkt kennen Investoren keine Hemmungen mehr. Das Motto lautet: »Weltrezession hin oder her – wir kaufen, was es gibt. Die Fed garantiert uns die Rückzahlung verliehener Mittel.«

Der amerikanische Markt für Unternehmensanleihen ist der größte der Welt. In ihn investierten nicht nur amerikanische Adressen, sondern auch viele Ausländer sehr viel Geld. Dabei ist zu bedenken, dass sich die Kapitalbilanz der USA in den letzten zwölf Jahren dramatisch verschlechtert hat.

Die USA schulden dem Ausland 50 Prozent des BIP

Während die USA rund 29 Billionen US-Dollar an ausländischen Positionen hält, hält das Ausland rund 50 Billionen US-Dollar an Vermögenswerten in den USA. Nicht auszudenken, was passieren würde, wenn auch nur ein Teil dieser gigantischen Differenz von 50 Prozent des amerikanischen Bruttoinlandsproduktes (22 Billionen) in Bewegung geriete. Der US-Dollar würde kurzfristig kollabieren und sich vermutlich sehr lange nicht erholen.

2008 hatte die Differenz in der sogenannten Kapitalbilanz erst bei 8 Prozent gelegen. Der Anstieg auf 70 Prozent sagt zwei Dinge aus: Wer in den USA heute investiert ist, ist schon investiert. Neues Geld wird so schnell nicht dazu kommen. Der US-Dollar ist mit diesem Kapitalstrom in den vergangenen zehn Jahren deutlich erstarkt. Bleibt frisches Kapital aus oder wird gar investiertes Kapital abgezogen, fällt der US-Dollar (deutlich).

Diese Tatsache war mir bewusst, und spätestens mit der Repomarktkrise, die im September 2019 in den USA ausbrach, war klar, dass die Zeit eines starken US-Dollars zu Ende geht. Ich habe sowohl Industrieunternehmen stark empfohlen, Forderungen abzusichern, als auch Vermögensverwaltungen, die ich betreue, dazu geraten, sich gegen Währungskursschwankungen abzusichern.

Die Massnahme der Fed sollte in erster Linie ausländische Investoren beruhigen

Ich habe bereits auf mehrere Tatsachen verwiesen. Unter anderem auf jene, dass uns Notenbanken Geschichten auf eine Weise erzählen, die sie auf eine bestimmte Weise verstanden wissen wollen, damit ihre Maßnahmen funktionieren. Dieses spezifische Verständnis, und nur das, war das Ziel der Maßnahmen der Fed, um ausländisches Kapital in den USA zu binden, weil der Absturz bei einem schnellen Abzug brutal geworden wäre.

Wird die amerikanische Notenbank eine negative Bewertung nachhaltig abwenden können?

In einem Punkt bin ich mir ganz sicher: Dem inneren Wert des US-Dollars wird der erhebliche Liquidierungsprozess durch die Fed nicht guttun. Der US-Dollar wird in den kommenden Jahren unter partiellem Kapitalabzug des Auslands leiden, der aber nur darin bestehen kann, dass weniger Geld in die USA fließt als in den letzten Jahren. Es muss also nicht zum Zusammenbruch des Kapitalmarktes kommen, sondern zu einem möglichst kontrollierten und willkommenen Abbau der Stärke des US-Dollars. Dies hilft die hohen Schulden der amerikanischen Volkswirtschaft zu inflationieren.

Aus meiner Sicht führt an einer Neubewertung durch Investoren kein Weg vorbei. Nun da auch in den USA die Zinsen nahe 0 Prozent liegen, gibt es keine »Ausrede« (im Sinne von höheren Zinsen) mehr, um einseitig im US-Dollar-Raum investiert zu sein.

Oder anders ausgedrückt: Der US-Dollar ist die stark schwankende Währung einer hochverschuldeten Volkswirtschaft, die keine Zinsen zahlt. Warum soll jemand als Investor ein Risiko eingehen, wenn er keine Zinsen bekommt? Ich gehe davon aus, dass ausländische Investoren aus diesem Grund US-Dollar-Positionen reduzieren könnten. Dieser Vorgang könnte in den kommenden Jahren gebremst werden, wenn Bedarf entsteht, sich doch mit US-Dollar einzudecken. Denkbar wäre dies aufgrund der Nachfrage von Unternehmen in Asien oder Lateinamerika, welche bestehende US-Dollar-Kredite zurückzahlen (müssen) und deren Bonität nicht ausreicht, um Dollar-Kredite revolvierend auszunützen (sprich, die Laufzeit ihrer Kredite zu verlängern). Dieser Vorgang kann die Abwertung des US-Dollars in den kommenden beiden Jahren noch bremsen. Ich rechne aber nicht damit, dass eine Abwertung ausbleibt.

Investoren werden in Krisen wachsamer

Der Anleihenmarkt in den USA ist durch die Notenbankintervention als großes Problem erkannt, wenn nicht gebrandmarkt worden. Wäre ich im Veranlagungsausschuss etwa der Allianz, würde ich mir ernsthaft die Frage stellen, ob ich dem Wort der Fed tatsächlich volles Vertrauen schenken will. Aus den bereits früher in diesem Buch angeführten Gründen kann ich das mit einem klaren Nein beantworten.

Wenn die Allianz so schlau ist, wie sie wohl sein muss, gehe ich davon aus, dass sie beginnen wird, diejenigen Positionen, die sie in US-Dollar hält, zu reduzieren oder konsequent abzusichern.

Ich erwarte für die erste Hälfte der 2020er-Jahre erheblichen Druck auf den US-Dollar.

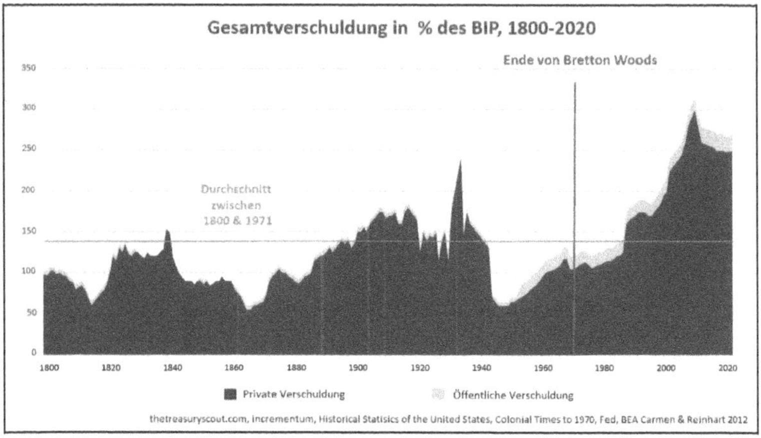

Verschuldung Privatsektor und Staat USA: Die Unternehmen in den USA sind so hoch verschuldet wie noch nie. Es ist eine zusätzliche Belastung, dass der Staat so hoch verschuldet ist wie am Ende des Zweiten Weltkrieges. (Quelle: www.incrementum.li, thetreasuryscout.com)

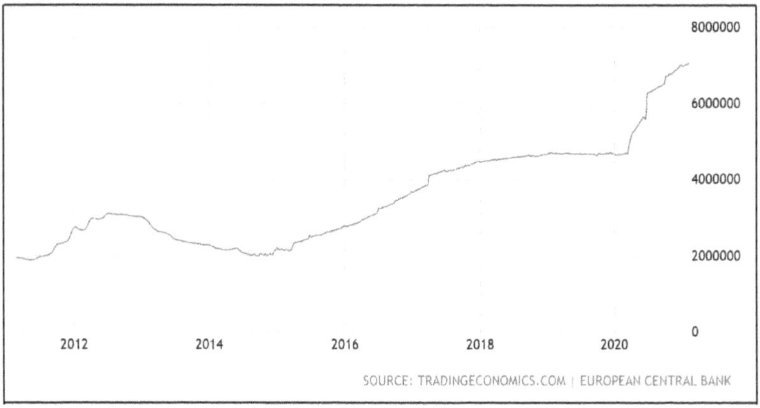

Bilanzexpansion der Europäischen Zentralbank (EZB): Die EZB hat mit der Bilanzexpansion von 2015 bis 2018 dazu beigetragen, dass sich der Euro abgeschwächt hat. Dabei hat sie in dieser Zeit nur zum Teil nachgeholt, was die Fed 2010 bis 2014 vorgemacht hatte. Auch 2020 hat die EZB mit einer Bilanzexpansion bis Juli um 10 Prozent nur einen Bruchteil der Fed realisiert. Dann hat sie sich, wiederum mit dem Vorbild Fed, ins Zeug gelegt. Im Mai hatte der Euro damit begonnen, gegenüber dem US-Dollar aufzuwerten. Die Geldmengenausweitung, die im Juli begann, hat diese Entwicklung in der Folge bis November 2020 gebremst, aber nicht aufgehalten. (Quelle: www.tradingeconomics.com)

Die EZB ist in den letzten Jahren immer wieder verdächtigt worden, europäisches Recht, wenn schon nicht gebrochen, so doch über Gebühr gebeugt zu haben. Das deutsche Bundesverfassungsgericht in Karlsruhe hat sich dieser Sichtweise nicht verschlossen, die EZB wie den EuGH kritisiert und eine Rechtfertigung eingefordert, weil es die Verhältnismäßigkeit der Maßnahmen anzweifelte. Ich denke, es ist für Notenbanker schwer genug einzuschätzen, was sie tun können, um ihrem Auftrag nachzukommen. Ich bin selbst recht kritisch, was das Wirken der Notenbanken betrifft. Ich unterscheide allerdings zwischen Ursache und Wirkung. Aus meiner Sicht bin ich eher in der Lage, dies zu beurteilen, als Verfassungsrichter, die in ihrem Leben vermutlich noch keine einzige Untersuchung von volkswirtschaftlichen Zusammenhängen selbst erstellt haben. Dass sich das Bundesverfassungsgericht hier zu einem Urteil aufgeschwungen hat, das seine Kompetenzen rechtlich sowie inhaltlich übersteigt, ist ein Akt der Präpotenz, der dem Gericht nicht guttut. Die möglichen Folgewirkungen haben für Europa mehr schädliche Folgen als positive.

Der EZB bleibt realpolitisch nichts anderes übrig, als die Maßnahmen der Fed zu implementieren, will sie nicht riskieren, dass Europa als Ganzes noch weiter zurückfällt. Es sind die USA und ihre Notenbank, die verhältnismäßige Reaktionen der anderen Staaten und Notenbanken erzwingen. Wer das nicht versteht, hat nichts begriffen und sollte sich auch kein Urteil anmaßen.

Ebenfalls als aggressive Notenbanken traten auf: Australien (60 Prozent Bilanzsummensteigerung) und Neuseeland (Steigerung um 85 Prozent der Bilanzsumme).

Die gemässigten Notenbanken

Zur mittleren Gruppe der mäßig eingreifenden Notenbanken gehören viele europäische Länder, aber auch Südafrika, Mexiko, Brasilien und die Türkei. Die Nationalbanken dieser Länder haben ihre Bilanzsummen bisher um 10 bis 25 Prozent gesteigert. COVID-19 und der daraus folgende Lockdown samt Reisebeschränkungen wirkt sich wirtschaftlich auf alle Länder der Erde aus.

Je größer ein Wirtschaftsblock ist, desto eher kann der Effekt beherrscht werden. Ich gehe strikt davon aus, dass nach 2020 auch 2021 Länder wie Thailand und die Türkei, welche zu etwa 20 Prozent von Einnahmen aus dem Tourismus abhängig sind, sehr viel stärker davon betroffen sein werden als etwa Italien oder Spanien.

EU-Bürger durften 2020 ohne Weiteres in europäische Länder in den Urlaub fahren. Bei allen anderen Auslandsreisen waren entweder Zusatzkosten, Quarantäne oder Probleme bei der Rückreise auch ohne Infektion zu befürchten. Thailand, die Malediven, die Türkei, Südafrika und viele andere Zielländer haben 2020 einen herben Einbruch des Tourismus erlebt und werden dies wohl auch 2021 hinnehmen müssen. Viele dieser Länder sind strukturell bereits stark angeschlagen (vor allem Südafrika, die Türkei und Brasilien) und erleiden zum Teil auch einen starken Einfluss durch COVID-19-Infektionen und gehäufte Todesfälle. Ich gehe davon aus, dass es kein Zufall ist, dass alle drei genannten Länder in der mittleren Gruppe sind. Diese Volkwirtschaften sind groß genug, um mithilfe ihrer Nationalbanken zu versuchen, »etwas zu tun« – und wenn es alle westlichen Notenbanken tun, »warum nicht auch wir«? Aus meiner Sicht besteht aber das Problem, dass keine dieser Emerging-Markets-Volkswirtschaften in der Lage ist, eine solche Politik durchzuhalten. Internationale Investoren sind ohnehin schon kritisch, was deren Aussichten betrifft. Wenn dann auch noch die Nationalbank beginnt, Geld zu drucken, werden sich im späteren Jahresverlauf, spätestens nächstes Jahr, internationale Investoren entfernen.

In den EmergingMarkets rechne ich mit besonders starken Schwankungen. Erst längerfristig bieten sich dort auch wieder Anlagechancen. 2021/2022 werden voraussichtlich herausfordernd für Anlagen in den EmergingMarkets.

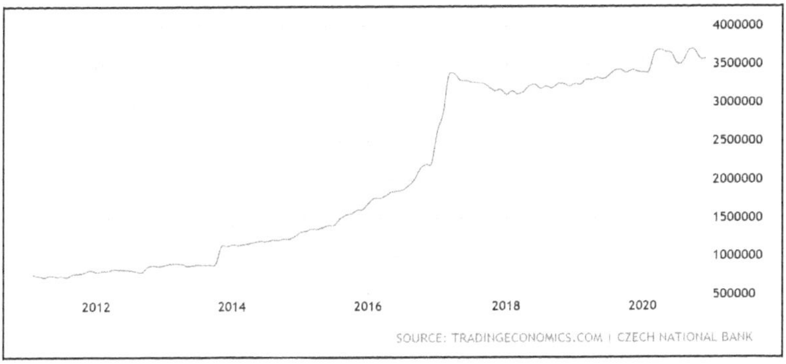

Bilanzexpansion der Tschechischen Nationalbank: Die Tschechische Nationalbank hat 2012 bis 2016 dank sehr starkem Wirtschaftswachstum eine deutlich steigende Bilanzsumme aufgewiesen. 2016/2017 kam es zu einer Aufwertungsattacke der Krone, welche die Notenbank mit Devisenkäufen nach dem Vorbild der Schweiz beantwortete. Dafür hat sie ihre Bilanz seit 2017 kaum mehr verändert, 2020 hat sie auf die Pandemie gar nicht reagiert. (Quelle: www.tradingeconomics.com)

In die Gruppe der mittleren Staaten gehören auch Japan, Südkorea und Russland.

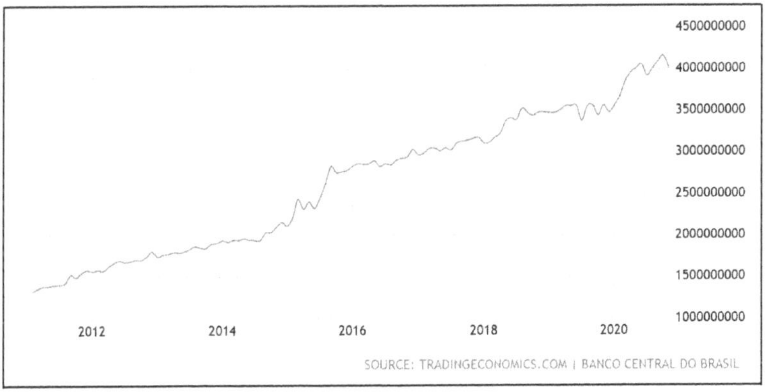

Bilanzexpansion der brasilianischen Notenbank: Brasilien steckt seit 2012 in einer schweren Wirtschaftskrise. Die Verschuldung des Landes steigt stark, ebenso die Notenbankbilanz. Erschwerend kommt hinzu, dass der brasilianische Präsident völlig fehl am Platze ist und offen auf ein Militärregime hinarbeitet, um an der Macht zu bleiben. Die Bilanzsumme der Nationalbank ist um rund 15 Prozent gestiegen. (Quelle: www.tradingeconomics.com)

Die zurückhaltenden Notenbanken finden sich in Asien

Wenn es Notenbanken gibt, die 2020 »untätig« geblieben sind, finden sich diese fast ausnahmslos in Asien. Es gibt aber auch eine Reihe von Staaten, die eine solche Politik unmöglich durchstehen können, ohne eine völlige Entwertung ihrer Währung zu riskieren. Es ist bemerkenswert, dass vor allem China, wo das Corona-Virus zuerst aktiv wurde, 2020 ohne zusätzliche Liquidität der Notenbank auskam. Aber auch Brunei, Hongkong, Singapur und Taiwan kamen 2020 ohne oder mit einer nur marginalen Steigerung der Zentralbankbilanz um bis zu 5 Prozent aus. Ich finde es eindrucksvoll, dass China in der Lage war, die Auswirkungen der Corona-Ausbreitung einzudämmen. Ein Staat, in dem das Problem ausbricht, hat es eigentlich am schwersten, weil zu Anfang nicht klar ist, wie gefährlich die Infektion ist und wie sie wirkt. Es ist ein Armutszeugnis für Europa und die USA, dass die Auswirkungen hier wesentlich schlimmer waren als in China, Südkorea oder Taiwan.

COVID-19 wird den wirtschaftlichen Aufholprozess Chinas eher fördern als hemmen. Das ist den USA ein Dorn im Auge. China hat entgegen den Erwartungen der angelsächsischen Analysten und Experten schon in den letzten 20 Jahren keinen Rückschlag erlitten und sich im Großen und Ganzen hervorragend entwickelt. Vor allem hat China eine Schlüsselindustrie nach der anderen, wenn schon nicht erobert, so doch besetzt. Nur bei der Chipproduktion hinkt China aktuell noch hinterher. Der Druck der USA, Verkaufsbeschränkungen umzusetzen, wird China mit Hochdruck auch in diese Schiene treiben.

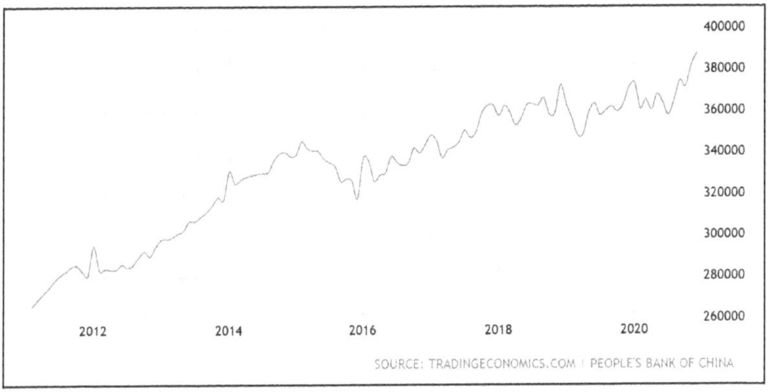

Bilanz der chinesischen Zentralbank: 2020 hat sich an der Notenbankbilanzsumme nichts geändert. Mit zunehmendem Wirtschaftswachstum springt aber die Zentralbankbilanzsumme weiter deutlich nach oben. Dies ist kein Zeichen von Marktmanipulation, sondern von wirtschaftlicher Stärke. (Quelle: www.tradingeconomics.com)

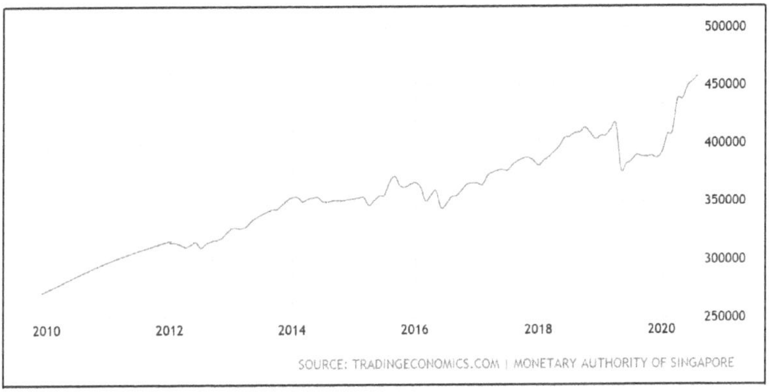

Zentralbankbilanz Singapur: Ähnlich der EZB hat auch die Nationalbank Singapurs erst zu Beginn der US-Dollar-Schwäche auch die eigene Geldmenge ausgedehnt. Genau gesehen ist Singapur aktuell erst »im langfristigen Trend« angelangt. (Quelle: www.tradingeconomics.com)

Die zurückhaltenden Notenbanken haben jedenfalls noch genug Pulver im Trockenen, um bei fortschreitender wirtschaftlicher Abschwächung noch Maßnahmen setzen zu können. Längerfristig sollte diese Zurückhaltung zu einem Anstieg der Währungen im

Vergleich zum US-Dollar und auch zum Euro führen. Kurzfristig kann eine Eskalation im Handelskrieg den Yuan freilich schwächen (mehr dazu in Kapitel 3).

Grundlage und Auswirkungen der Geldschwemme rund um die Welt

Die Geldschwemme, die sich seit Beginn der Pandemie über die Welt ergossen hat, diente in erster Linie dazu, die Austrocknung der Liquidität für Unternehmen und für das Finanzsystem zu vermeiden. Auf die Folgen dieser Maßnahmen gehe ich im Anschluss ein.

Tatsache ist: Wenn Menschen mit beschränkten Finanzmitteln Sorgen entwickeln, wie sich ihre Vermögenswerte weiter entwickeln könnten, ziehen sie ihre Mittel an sich. Das kann man sich vorstellen wie den Wechsel von Flut zu Ebbe. Gerade erst sind die Kapitalmärkte mit Geld von Anlegern überschwemmt worden, dann passiert etwas, und sie ziehen sehr schnell ihr Kapital ein. Genau das ist ab Ende Februar 2020 geschehen. **Wenn Anleger Angst bekommen, fliehen sie.** Dieser Vorgang ist weder neu noch den Notenbanken unbekannt. Die Notenbanken haben aus der Weltwirtschaftskrise, die 1929 begann, gelernt und ebenso aus der Finanzkrise 2008. Sie haben die Marktteilnehmer daran gewöhnt, damit zu rechnen, dass sie eingreifen, wenn Panik ausbricht, um ein völliges Versiegen der Liquidität zu vermeiden.

Die Reaktion der Notenbanken setzte 2020 unmittelbar ein, nachdem erkennbar Panik ausbrach. Diese Panik war anlässlich des Ausbruchs von COVID-19 und des globalen Lockdowns absolut verständlich. Die Wirtschaft, die Haushalte sowie die Staaten sind hoch verschuldet. Ein solcher Lockdown schafft eine immense Belastung, senkt das Bruttoinlandsprodukt und erhöht die Schulden. Das führt zu Problemen.

Wenn Anleger ihr Geld an sich raffen, nehmen sie es aus dem Wirtschaftskreislauf heraus. Unternehmen, deren Anleihen oder Kredite auslaufen, stellen dann fest, dass sie sich nicht oder zu dramatisch verschlechterten Konditionen weiter verschulden können. Zurückzahlen können sie Schulden nämlich in den seltensten Fällen. Wirtschaftliches Wachstum beruht auf Umsatzwachstum und der Erzielung einer Nettogewinnmarge. Diese liegt im Industriedurchschnitt bei 6 Prozent. Wenn Unternehmen regelmäßig in Forschung und Entwicklung und in den Ausbau der Produktionskapazitäten investieren, ist eine Schuldentilgung kaum denkbar. Im besten Fall werden Altschulden »gerollt«, also am Ende der Laufzeit durch einen neuen Kredit oder eine neue Anleihe verlängert – zum dann jeweils gültigen Marktzins.

Angst der Anleger führt also zum sogenannten »Credit Crunch«, sprich dazu, dass die Refinanzierungsfähigkeit der Unternehmen einbricht.

In früheren Krisen hat ein solcher Credit Crunch dazu geführt, dass schwache Unternehmen in Insolvenz gingen und aus dem Markt schieden. In der Österreichischen Schule der Volkswirtschaft nennt man dies »kreative Zerstörung«, weil die mobilen und kapitalstarken Unternehmen überleben und in der Folge gestärkt aus einer solchen Krise hervorgingen.

Der mit »kreativer Zerstörung« verbundene Schmerz manifestiert sich durch Kreditausfälle, Arbeitslosigkeit und gelegentlich auch gesellschaftlichen Aufruhr. All das sind Dinge, die in den letzten vier Jahrzehnten durch Interventionen der Staaten und deren Notenbanken vermieden wurden.

Die Auswirkungen dieser Marktmanipulationen sind groß – wir haben die längste Phase eines kontinuierlichen Wohlstandsaufbaues für sehr viele Menschen erlebt. Ich wundere mich, wie viele Menschen über die heute angeblich prekäre Lage jammern. Am meisten wundere ich mich dabei, dass dies Menschen tun, die so alt sind wie ich oder älter. Wir wissen doch, wie es in den 70er-Jahren und davor aussah. Wir waren weit davon entfernt, einen Wohlstand zu erleben, wie er heute besteht!

Das ist die positive Seite der Manipulationen. Doch man muss realistisch sein. Ebenso, wie klar ist, dass wir das maximale Wohlstandsniveau auf globaler Ebene in der Menschheitsgeschichte erleben, ist auch klar, dass dieser Wohlstand auf viel Geld aufgebaut wurde, das es im engeren Sinn nicht gibt.

Geld ist in seiner eigentlichen Entstehung IMMER eine Schuld, also eine Verbindlichkeit, ein Kredit

Des einen Vermögen ist also des anderen Verbindlichkeit. Weil die Staaten und die Notenbanken so stark in das System eingegriffen haben, ist immer mehr Schuld entstanden. Weil immer mehr Unternehmen überlebt haben, ist immer weniger Schuld vernichtet worden. Es gibt also Unmengen an Geld. Es ist logisch, dass es in der Folge mehr Geld, sprich Schuld, gibt als je zuvor und dass dieses Geld zum Wohlstandsanstieg geführt hat.

Geld konzentriert sich mit der Zeit in den Händen weniger

Auch wenn durch die Marktmanipulationen viele Unternehmen überleben konnten, bedeutet das nicht, dass alle Unternehmen gutes Geld verdienen. Auch in diesem Umfeld sind es schlussendlich wenige Unternehmen, die den Großteil der Gewinne einstreichen. Wenn sich Geld in den Händen Weniger konzentriert, führt das zu einem langsameren Geldfluss. In der Volkswirtschaft wird die Fließgeschwindigkeit von Geld als Umlaufgeschwindigkeit bezeichnet. Als die Notenbanken 2008 das große Füllhorn auspackten, schossen Weltuntergangstheoretiker aus dem Boden, die ein attraktives Geschäftsmodell daraus schnürten, aus der Angst anderer ihren eigenen Wohlstand zu nähren. Ich finde das schmuddelig, weil sie in offenkundiger Ignoranz von Grundzusammenhängen Angst bei anderen Menschen schüren. Wenn Geld nicht schnell fließt, ist die schiere Menge der Geldproduktion unproblematisch! **Inflation ist daher keine direkte Folge des Gelddruckens.**

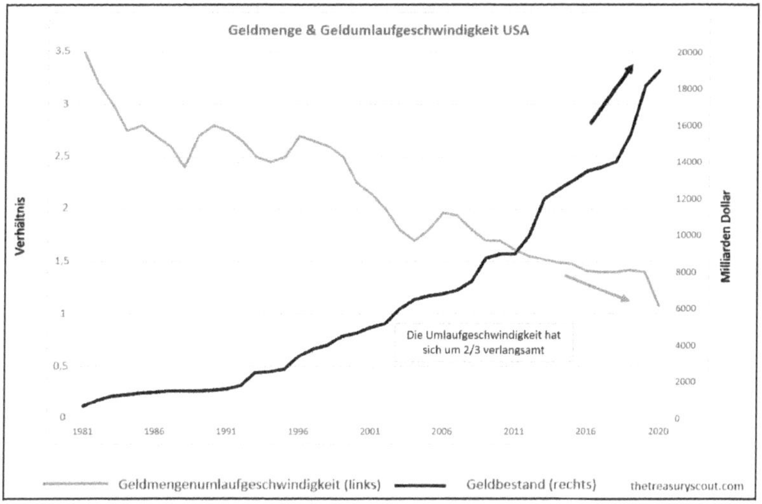

Geldmenge und Umlaufgeschwindigkeit: Noch schneller als die Ausweitung der Geldmenge sank die Umlaufgeschwindigkeit des Geldes! Das konnte niemandem verborgen bleiben. Von (Hyper-)Inflation zu schwadronieren, ist damit eine bewusste Lüge. (Quelle: www.thetreasuryscout.com)

Ist die Entstehung von Inflation in kurzer Zeit wahrscheinlich?

Inflation wird in den kommenden Jahren zurückkehren, aber keine HYPER-Dimension annehmen. Die Wirtschaft hat einen deutlichen Rückschlag erlitten. Ebenso die weltweite Mobilität. Der Verbrauch von Rohöl wird wieder steigen. Das Überangebot an Öl bleibt aber aufrecht, sodass hohe dreistellige Ölpreise nicht akut drohen. Energiekosten sind also als starkes Treibmittel für einen Anstieg der Inflation unwahrscheinlich.

Ich rechne damit, dass die Geldumlaufgeschwindigkeit in den kommenden beiden Jahren steigt. Die Konsumenten sitzen auf viel Barvermögen und haben den Willen, einen größeren Teil davon auszugeben, wenn das wieder möglich ist. Ich rechne aber nicht damit, dass diese Entwicklung völlig ungebremst erfolgen wird. Einen massiven Anstieg der Umlaufgeschwindigkeit des Geldes erwarte ich nicht. Ohne diesen Anstieg kann es aber auch zu keinem sehr starken und lange währenden Inflationsanstieg kommen.

Es wird von der Schwere und der Nachhaltigkeit der Corona-Krise abhängen, wie intensiv und wie lange die Sparneigung Bestand haben wird. Dauert der Zustand an, bleibt die Umlaufgeschwindigkeit des Geldes niedrig und die Geldmengenausweitung durch das Gelddrucken der Notenbanken wird nicht unmittelbar oder zumindest nicht zu sehr hohen Inflationsraten führen.

Es werden wieder (zu) viele Unternehmen überleben

Waren, die unter intensivem Wettbewerb hergestellt und angeboten werden, bringen in der Regel keine hohen Margen. Kommt es zu einer Oligopolbildung (sprich einem Warenangebot durch weniger Unternehmen), steigen die Preise schneller. Bleibt es bei einem (globalen) Überhang von Anbietern, kommt es, erst recht im Zuge einer Wirtschaftskrise, zu einem Preiskampf um Marktanteile. Unter diesen Umständen kann auch keine starke Inflation entstehen, welche die Inflationsraten nachhaltig ankurbelt. Dies drückt auf die Marge der Anbieter, und deren Gewinnwachstum leidet dabei.

Ich habe vor vier Jahren begonnen, an meinem Buch *Nie wieder Zinsen* zu arbeiten. Die Grundzusammenhänge waren damals bereits klar zu erkennen. Damals schloss ich mit der Erwartung, dass wir auf einen sehr langfristigen Seitwärtsmarkt zusteuern. Aktienkurse würden ab 2017 schwanken, sich aber nicht nachhaltig nach oben bewegen. Wir erlebten dieses Szenario als Realität. Es ist aber heute erkennbar, dass sich in den kommenden zwei bis vier Jahren daran etwas ändern kann. Das bewog mich zum Verfassen des vorliegenden Buches, auch als Update!

Das Füllhorn, das die Notenbanken aktuell auspacken, ist gigantisch dimensioniert

Die immense Ausdehnung der Geldmenge hat mit der Corona-Krise eine neue Dimension erreicht. Die Staaten und Unternehmen verschulden sich im Rekordtempo. Die Notenbanken drucken das dafür nötige Geld bereitwillig. Die Staaten verschulden sich, um das System am Laufen zu halten. Die Unternehmen verschulden sich, um durch erhöhte Liquidität für mögliche noch schwierigere Zeiten gewappnet zu sein. All das wird kurzfristig in den nächsten Jahren zu erhöhten Inflationsraten führen, wenn dieses Geld nach der Corona-Krise investiert wird. Die Entstehung von sehr hohen Inflationsraten im realen Leben ist aber dennoch bis auf Weiteres wenig wahrscheinlich.

Die Kapitalmärkte sind massiv inflationiert

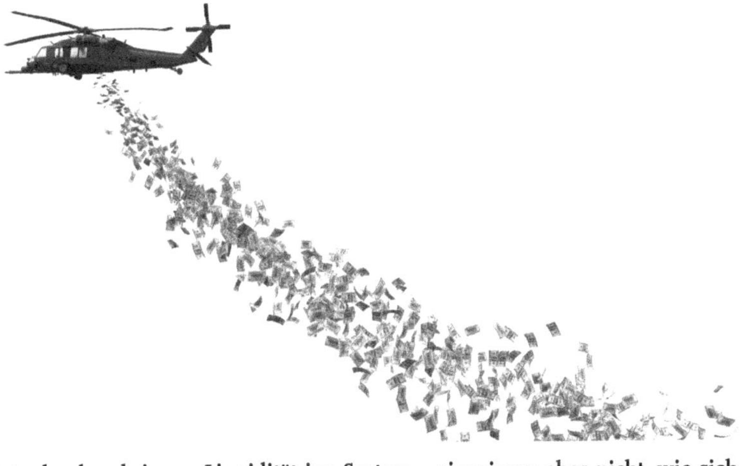

Notenbanken bringen Liquidität ins System – sie wissen aber nicht, wie sich diese genau verteilt: Zum System gehören vor allem die Banken, die das Geld zu den Unternehmen und den Kapitalmärkten verteilen. Wie das Geld durch wen verwendet wird, können die Notenbanken nicht exakt bestimmen. Sie können froh sein, wenn das von ihnen erzeugte Geld zumindest teilweise seinen Bestimmungsort findet. (Quelle: gualtiero boffi/shutterstock.com)

Das langjährige Vorgehen der Notenbanken hat etwas bewirkt: Die Kapitalmärkte sind in einem Maße inflationiert, das historisch ohne Vorbild ist. Zudem: Noch nie in der Geschichte hat die kumulierte Börsenkapitalisierung von fünf Unternehmen 25 Prozent des amerikanischen Bruttoinlandsproduktes erreicht. Die Marktkapitalisierung von Apple, Google, Facebook, Amazon und Cisco hat diese Marke erreicht. Fünf Unternehmen sind also so viel wert wie ein

Viertel der größten Volkswirtschaft der Welt? Das ist Hyperinflation bei den Wertpapierpreisen!

Immense Preisanstiege sind auch bei den Anleihen festzustellen. Das Anleihenvolumen ist so hoch wie noch nie, der Preis, den Käufer dieser Schulden bekommen, ist aber zugleich so niedrig wie nie. Das bedeutet, dass Schulden unglaublich teuer sind. Auch bei Anleihen reden wir daher von Hyperinflation.

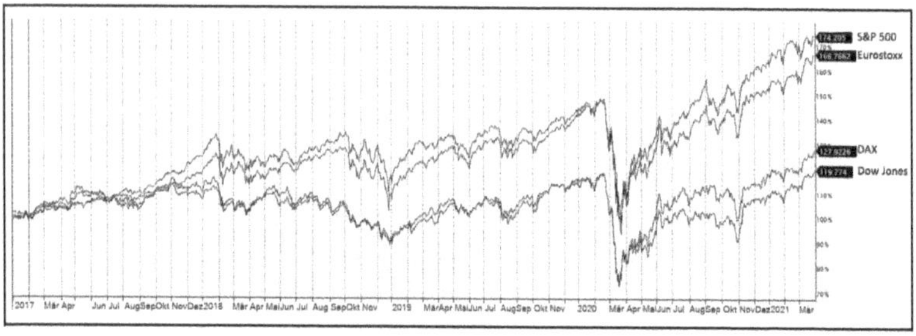

Die Liquidität der Notenbanken hat die Aktienmärkte erreicht: Wir sehen – meine Einschätzung für die Aktienkursentwicklung vor vier Jahren war nicht verkehrt. In Europa bleiben die Börsenkurse flach – trotz geldpolitischer Anheizung. In den USA kam es zu einem Anstieg der Börse, weil Donald Trumps Steuerreform 2018 zusätzlich ein fiskalpolitisches Feuerwerk entfachte, das in den darauffolgenden Jahren noch mit erheblichem zusätzlichem Aufwand aufrechterhalten wurde, nun aber zu einem Ende kommt. (Quelle: www.sungard.com)

Die Preisentwicklung ging in den letzten 50 Jahren zurück. Dies ist das Ergebnis der Globalisierung, die zu einer Verlagerung von Produktionsarbeit führte und zu einer Verbreiterung des Angebotes.

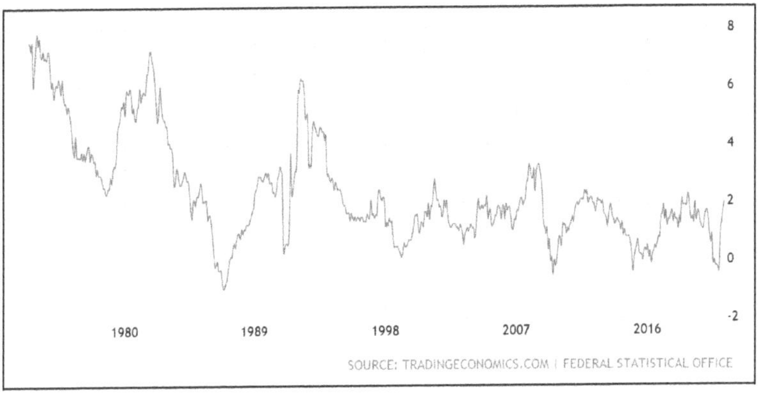

Die Inflationsraten sinken seit 50 Jahren: Die Zinsen sind insbesondere seit Mitte der 90er-Jahre gesunken. Seit der Finanzkrise sind weder die Inflation noch die Zinsen geklettert. Je mehr Geld (seit 1987) erzeugt wurde, desto geringer war dessen Wert (Zinsen sanken), desto geringer war die Inflation und die Umlaufgeschwindigkeit des Geldes und desto höher stiegen die Preise für Aktien und Anleihen. (Quelle: www.tradingeconomics.com)

Die logische Folge – geht es immer so weiter?

Meine Aufgabe als Analyst besteht nicht darin, Optimist oder Pessimist zu sein. Ich bin Realist aus Überzeugung und Leidenschaft. Ich verfolge mit diesem Buch das Ziel, aufzuzeigen, wie die Umstände beschaffen sind, in denen wir leben und wirtschaften. Es ist nicht etwa der Turbokapitalismus, der zu Verzerrungen an den Kapitalmärkten geführt hat und zu besonders ausgeprägter Vermögenskonzentration, sondern es sind Marktmanipulationen durch Notenbanken und Regierungen.

Meiner Einschätzung nach wird das System der manipulativen Notenbank- und Staatseingriffe nicht enden

Die Anstrengungen der Notenbanken und Regierungen werden zweifelsohne Folgen haben. Der Anstieg der Aktien- und Anleihenkurse ist die Folge des wahllosen Gelddruckens. Dieser Anstieg bewirkt, dass die Bewertungen der Unternehmen bei vielfach sinkenden Umsätzen und Gewinnen trotzdem angestiegen sind. Das erhöht die Fragilität des Systems noch mehr.

Die zunehmenden Spannungen zwischen den USA und China, jene zwischen Süd- und Nord-Korea und auch heute noch nicht erkennbare Probleme, auf die es dann zu reagieren gilt, werden die Börsen immer wieder belasten – das wird zwangsläufig so sein und ist nicht nur eine vage Möglichkeit.

Die Unmengen an Liquidität, die von den meisten Notenbanken ausgegossen wurden, lassen ohne massive Zusatzbelastungsfaktoren keinen nachhaltigen Rückgang der Börsen zu. Solche massiven Zusatzbelastungsfaktoren sind aber möglich, und wir sollten daher aufmerksam bleiben.

Die Geldspritzen der Notenbanken werden das System am Laufen halten, aber nicht voranbringen

Die extremen Überbewertungen für Wertpapiere werden gemeinsam mit der hohen Liquidität zu dauerhaft höheren Schwankungen an den Kapitalmärkten führen. Gründe dafür sind Gewinnrückgänge, politische Veränderungen und andere Probleme. Die Tatsache, dass es so viel Geld, sprich Schulden, gibt, verdammt uns dazu, weder Guthabenzinsen zu erhalten noch auf einfache Weise an den Börsen Geld verdienen zu können. Die Schwankungen an den Börsen wie auch bei den Devisenkursen waren in den vergangenen zehn Jahren besonders niedrig gewesen. Die Schwankungen werden aber steigen, und das wird zum einen herausfordernd sein, zum anderen aber auch Gelegenheiten bieten.

Die Notenbanken haben einen hyperinflationierten Kapitalmarkt geschaffen

Wir werden keinen Zusammenbruch des Kapitalmarktes erleben. Viel eher werden die Notenbanken damit fortfahren, Geld zu drucken. Dies wiederum wird dazu führen, dass wir uns von der Idee verabschieden müssen, mit Geld Geld verdienen zu können, sprich Zinsen zu erhalten. Es ist zumindest ausgeschlossen, dass dies gelingt, ohne über überdurchschnittliche Fähigkeiten und einen eisernen Willen zu verfügen, diese auch einzusetzen.

Der Aufwand, mit dem eine erfolgreiche Kapitalanlage gelingen kann, wird exponentiell steigen, der Mengenmanipulation der Notenbanken folgend.

Wir werden mit Devisen- und Aktienkursschwankungen leben und umgehen müssen. Wenn wir dies tun, wird uns in den kommenden zehn bis 15 Jahren eine scharfe Beobachtungsgabe zugutekommen. Unsere Aufgabe besteht darin, diese noch auszubauen. Wir müssen fit sein, für den Fall, dass es irgendwann doch zu einer gravierenden Systembelastung kommt. Ich rechne zwar nicht mit einem Systemcrash, aber dass die kommenden zehn bis 15 Jahre ohne einen eklatanten Absturz der Wertpapiermärkte auskommen werden, halte ich für ausgeschlossen. An diesem Punkt wird auch der Währungsmarkt neu sortiert werden.

Die Maßnahmen der Notenbanken sind bedenklich, sie sind aber nicht (unmittelbar) bedrohlich. Sie ermöglichen es uns, uns in Ruhe mit den Entwicklungen auseinanderzusetzen.

2. Crypto Tulips und andere Spekulationsblüten

Es ist nun 21 Jahre her, dass die Technologieblase der 90er-Jahre platzte. Im Januar und Februar 2000 gingen die Kurse noch wie von Raketen getrieben nach oben. Es war eine fabelhafte Zeit. Die Stimmung war gelöst, die Zukunftsaussichten rosig. Man durfte ohne Kontrollen in Flugzeuge steigen und auch Getränke an Bord nehmen. Ich glaube, es war sogar bei einzelnen Gesellschaften noch erlaubt, im Flugzeug zu rauchen. Diese Zeit sowie die damals bestehenden Freiheiten sind heute unfassbar weit entfernt. Seitdem haben wir 9/11 erlebt (die Attacke auf das World Trade Center am 11. September 2001), eine Finanzkrise, die noch mehr Einschränkungen brachte, und nun eine Pandemie. Heute sitzen wir »eingesperrt« im Lockdown (sinnigerweise ist dieser Begriff aus der Sprache des US-amerikanischen Strafvollzugs entlehnt). Diese Situation hätte 2000 als surrealer Horrorfilm dienen können, keinesfalls aber als reale Vorstellung.

Was geschah im Jahr 2000?

Ich war damals noch »feucht hinter den Ohren«. Ich begann Ende 1999 damit, eigenständige Analysen über Währungen (schon damals) und die großen Zusammenhänge zu schreiben. Ich absolvierte damals auch eine Ausbildung zum gewerblichen Vermögensberater und etablierte 1999 eine Vermögensverwaltungsfirma. Auch eine Vermögensverwaltung zu gründen, war damals noch eine einfache Sache, im Vergleich dazu, wie es seit der Finanzkrise zugeht. Für mich war es von Anfang an eine Angelegenheit, die ich emsig und mit Ernsthaftigkeit betrieb. Ich muss ehrlich zugeben: Ich verstand den Hype am Neuen Markt und an der Nasdaq überhaupt nicht. Ich kapierte nicht, was da abging. Da kamen Unternehmen an den Markt, die nichts verdienten, sich aber damit brüsteten, sie würden die Welt auf den Kopf stellen und dann irgendwann schon mal Geld verdienen.

Die alte Deutsche Telekom, damals noch zu 90 Prozent mit Beamten als Mitarbeitern, wurde zum sexy Telekom-Multimedia-Konzern, und ihre Aktie wurde dann auch noch zur Volksaktie hochstilisiert. Softwarebuden mit zweifelhaften Projekten und noch dubioseren Gründern verbrannten ihr Eigenkapital, und oft schrieben Analysten und Zeitungsleute, dass dies ein Zeichen des Erfolgs und des unbändigen Willens zum Wachstum sei.

Schon damals beachtete kaum jemand die Tatsache, dass die Fed die Zinsen schon einige Zeit lang angehoben hatte, um den Boom zu verlangsamen.

Notenbanken sind schlecht darin, einen Boom zu erkennen, noch schlechter darin, ihn zu verhindern und hundsmiserabel darin, ihn zu beenden

Denn sie reagieren meist zu spät – um ihn zu verhindern – und stechen dann umso konsequenter mit der Nadel in die Blase – mit meist verheerenden Folgen für Anleger. Verheerend ist das zumindest für jene Träumer, die unüberlegt und ohne hinreichende Erfahrung zugelangt hatten – zumeist spät, zumeist, um gegenüber dem Nachbarn auch sagen zu können, dass sie dabei seien und fantastische Gewinne erzielt hätten.

Die Börse war zur Jahrtausendwende das Thema schlechthin, im Taxi, beim Friseur und im Freundeskreis. Natürlich nicht die langweiligen Aktien mit den einfachen und doch so alltäglichen Produkten, die jeder kennt und nutzt. Diese Aktien waren Ende der 90er-Jahre nicht gestiegen, sondern teils sogar gefallen. Wie ätzend langweilig: Jene, die wie Warren Buffett darauf setzten, wurden als Loser bezeichnet.

Technologie- und Medienkonzerne waren hip. Aktien, die an den Markt kamen, warfen so gut wie nie Gewinne ab und erreichten die Gewinnschwelle auch nie. Wie es ausging, wissen wir heute. Wie alle Blasen platzte auch diese – die Notenbanken ließen die Luft heraus. Wie immer, wenn ein Luftballon platzt, der mehr als voll aufgeblasen wurde, platzte auch diese Blase mit einem lauten Knall. Selbst der ehrwürdige DAX stürzte von über 8.000 Indexpunkten im März 2000 auf 2.300 Punkte im März 2003 ab.

Ich gehe auf diese Erfahrung ein, weil es heute an den Börsen genauso wild zugeht wie vor 20 Jahren

Am besten ist die Gleichartigkeit an zwei Beispielen darzustellen. Junge Anleger in den USA verabreden sich auf einer Plattform, ein Unternehmen, das kaum Zukunft, dafür aber eine schwache Bilanz hat, vor bösen Hedgefonds zu retten und sich selbst dabei eine goldene Nase zu verdienen. In der Folge treiben mehrere Millionen Junganleger einige Hedgefonds beinahe in den Ruin. Jubel und Frust liegen knapp beieinander. Gamestop, die Aktie, um die es ging, stieg in wenigen Tagen um mehrere tausend Prozent, nur um dann wieder ins Nichts zu fallen.

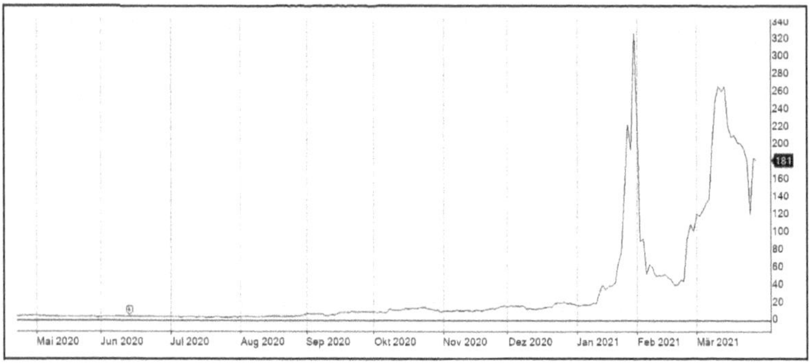

Gamestop: Absurdität – einfach zu erkennen. (Quelle: www.sungard.com)

Ganz besonders fanatisch ist der Run auf Bitcoin und andere Cryptos

Wie im Jahr 2000 bei Technologieaktien beginnen nun auch bislang besonnene Investoren Sinn hinter den Cryptos, sprich den Krypto-»Währungen«, zu erkennen. Dazu muss man feststellen, dass Cryptos nun keine lächerliche Marktkapitalisierung mehr haben. Mit dem Wert eines Bitcoins kann man heute schon ein Mittelklasse-Auto kaufen. Das ist beachtlich, umso mehr, weil es ja nur eine begrenzte Zahl an Bitcoins gibt. Bitcoins lassen sich auch nicht vermehren. Der Mangel an Vermehrbarkeit besteht neben dem Mangel der Greifbarkeit. Bitcoin ist nicht in sich nützlich oder als Schmuck oder Statussymbol dienlich, das sich eine Frau um den Hals legt oder das man sich als Luxusgut um den Arm bindet. Ich schreibe all das, weil etwa seltene Uhren begreifbar sind. Ebenso sind es Oldtimer oder wertvoller Schmuck. Das sind ebenfalls Wertspeicher, bei denen aber niemand auf die Idee käme, sie als Geld zu bezeichnen. Wertspeicher sind sie, weil es andere Menschen gibt, die bereit sind, für diese Dinge Geld zu zahlen. Bitcoin ist hingegen keine begreifbare Sache – Bitcoin ist ein Code, den ich entweder in einer eigenen Wallet, an einer Börse oder mittlerweile auch bei einer Bank einlagern kann. **Bitcoin ist**

definitiv kein Geld. Wer im Zusammenhang mit Cryptos von Currency spricht, ist ein Schwindler (auch wenn er vielleicht nicht vorsätzlich schwindelt, weil er an die Richtigkeit seines Standpunktes glaubt!).

Wenn Sie an Bitcoin und anderes glauben, bin ich sicherlich kein guter Gesprächspartner. Ich glaube nicht daran. Ich anerkenne die Eigenschaft als Wertspeicher und die Tatsache, dass Menschen bereit sind, Geld dafür zu bezahlen. Darüber hinaus ist es ein energieintensiv und daher umweltverschmutzend erzeugtes Stück Code, dessen einziges Merkmal darin besteht, nicht vervielfältigbar oder vermehrbar zu sein.

Es sind Crypto Tulips und nicht Crypto Currencies

Bitcoin ist kein Ding. Tulpen sind begreiflich – im engsten Wortsinn. Die erste Blase und Manie der Neuzeit war im beginnenden 17. Jahrhundert der Hype um Tulpenzwiebeln, vor allem in Holland, wo das dekorative Gewächs aus dem Orient importiert als besondere Rarität, weil nicht vermehrbar, angehimmelt wurde. Man konnte um eine Tulpenzwiebel ein einfaches Haus kaufen (wir sind bei Bitcoin nicht mehr weit davon entfernt). Auch die Tulpenzwiebel war ein Wertspeicher. Auch die Tulpenzwiebel war rar. Und auch die Tulpenzwiebel war KEIN GELD.

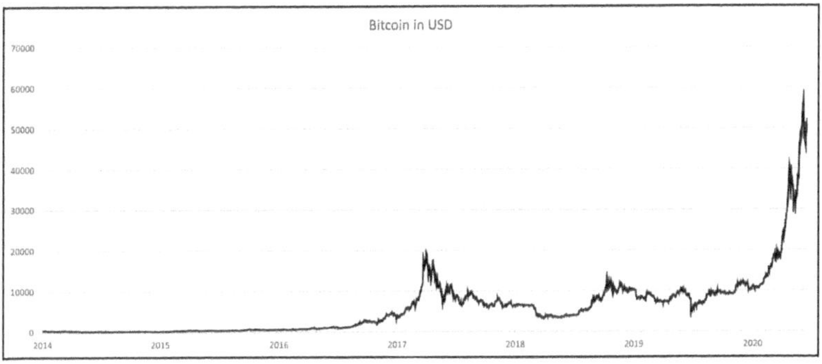

Bitcoin: Absurdität – einfach zu erkennen. Völlig klar, dass es Menschen gibt, die das ganz toll finden. Jene, die früh eingestiegen sind, sind heute reich, wenn sie Bitcoin in Geld tauschen. (Quelle: www.the treasuryscout.com)

Geld ist, was gesetzliches Zahlungsmittel ist

Bei Crypto Tulips zu glauben, es sei Geld, ist massiver Selbstbetrug. Wer es anderen als solches ausgibt, begibt sich selbst in Gefahr, beim Platzen der Blase massiven Vorwürfen ausgesetzt zu werden. Denn es wird um keinen Preis ein gesetzliches Zahlungsmittel. Und wenn es trotz allem noch mehr Menschen als Wertspeicher benutzen und erhebliche Gewinne daraus erzielen? Dann bleibt es dabei – es handelt sich nicht um Geld. Und wenn Sie auf El Salvador verweisen – gegenüber der Lokalwährung ist BTC tatsächlich eine Alternative.

Crypto Tulips sind bedeutsam – die Folgen werden es auch sein

Nachdem ich meinen Standpunkt dargelegt und begründet habe (Widerlegung unmöglich) ist geklärt, dass viele Menschen dem nachlaufen, was die Römer in ihrem Rechtssystem als NULLUM, also als NICHTS bezeichneten.

Die Marktkapitalisierung von Bitcoin ist – während ich diese Zeilen schreibe – gerade über 1.000 Mrd. US-Dollar gestiegen. Das ist ein Zehntel der Marktkapitalisierung von Gold. Alles Gold, das in den letzten 8000 Jahren unter erheblichem Aufwand aus der Erde geholt wurde, ist aktuell nur das Zehnfache von Bitcoin wert. Bitcoins Marktkapitalisierung liegt nun bei fast 30 Prozent der jährlichen deutschen Wirtschaftsleistung. Das ist real? Wirklich? Wann der Erfolgslauf dieses Finanzinstrumentes enden wird, ist aktuell nicht absehbar. Dass ein Ende kommen wird, ergibt sich aus der surrealen Preisentwicklung (ich weigere mich an dieser Stelle das Wort »Wert« zu gebrauchen, denn wonach als nach der reinen Spekulationslust sollte man den Preis von Bitcoin bewerten?)

Die Marktkapitalisierung von Bitcoin und anderen Crypto Tulips ist mittlerweile in einen Bereich vorgestoßen, der Notenbanken und Staatslenker beschäftigt. Mit Marktkapitalisierung geht auch die Frage nach der Finanzmarktstabilität einher. Fließt zu viel echtes Geld in ein Finanzinstrument, entstehen zum einen spekulative Blasen, zum anderen entsteht aus solchen Instrumenten auch Marktmacht. Wer aktuell Machtträger ist, teilt Macht nicht ohne Widerstand.

Ich rechne fest damit, dass es zu Eingriffen der Staaten und Notenbanken kommen wird

Crypto-Tulip-Erträge werden besteuert werden. Wenn das aufgrund der technischen Herausforderungen nicht gut funktioniert, wird drauflos reguliert. Besitz und Handel werden spätestens dann verboten, wenn die Cryptos den gesetzlichen Zahlungsmitteln tatsächlich den Rang ablaufen – oder zumindest, wenn diese Gefahr besteht.

Wer heute dran glaubt, muss dann also dereinst »dran glauben«.

Als Finanzinstrument sind Crypto Tulips fantastisch und aufregend

Bei aller fundamentalen Skepsis, die ich den Cryptos gegenüber hege, finde ich sie als Finanzinstrument unglaublich spannend. Ich hatte Bitcoin 2016 bei 300 US-Dollar als Kauf gesehen. Ende 2017 postete ich auf meinem Facebook Account bei 17.800 US-Dollar, dass nun eine Negativphase begänne, und Anfang 2019 empfahl ich einer Stiftung, bei 4.400 US-Dollar 2 Prozent in Bitcoin zu investieren. Bei 42.000 US-Dollar habe ich mich zurückgezogen. Die Absurdität ist noch nicht zu Ende, aber sie wird – ganz bestimmt – ein Ende finden.

3. Der Aufstieg Chinas

Veränderungen in der Politik

Der Konflikt zwischen den USA und China bestimmt das Geschehen

In den Jahren nach der Finanzkrise kam es zu einem erheblichen Aufbau von Schulden – insbesondere in den USA, aber auch in vielen Ländern Europas. Weil Schulden Geld sind, stieg wiederum, vor allem in den USA, der Geldreichtum an. Und weil dies attraktiv ist, haben auch viele Europäer und Asiaten Geld in den USA investiert, um sich ihrerseits an diesem Geldwachstum zu bereichern. Die Staatsschulden der USA sind in den letzten 13 Jahren von 62 Prozent des BIP, bis Ende 2019 auf rund 110 Prozent des BIP gestiegen. In Europa verlief die Entwicklung ähnlich, zeigte bis Ende 2019 aber bereits einen jahrelang sinkenden Trend, und die Schulden in der Eurozone lagen dann bei rund 77 Prozent des BIP.

Die Wirtschaft der USA entwickelte sich auf der Basis einer durchschnittlichen Staatsverschuldung von 5 Prozent des BIP p.a. mit rund 2,5 Prozent p.a. real recht armselig.

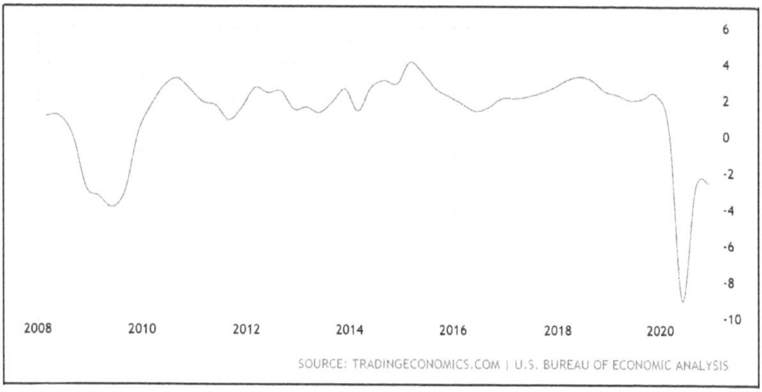

Wirtschaftswachstum in den USA seit der Finanzkrise: Das durchschnittliche Wirtschaftswachstum der USA hatte in den vergangenen zwölf Jahren bei 2,5 Prozent gelegen – halb so hoch wie das Schuldenwachstum des Staates. (Quelle: www.tradingeconomics.com)

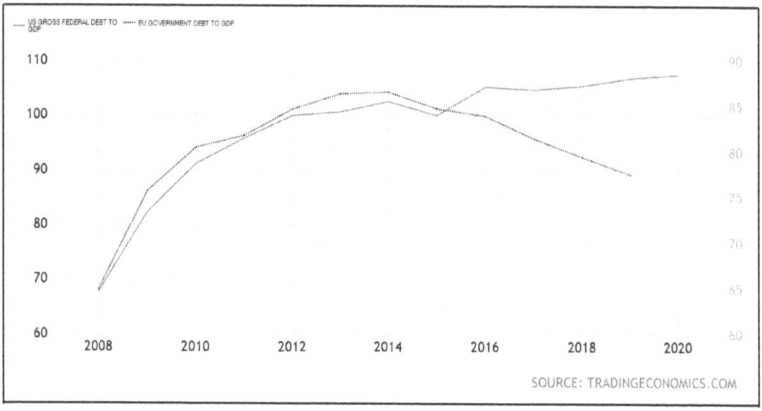

Staatsschulden USA im Vergleich zur Eurozone: Die Trends liefen seit 2013 sehr unterschiedlich. Das Wachstum der Eurozone war im Durchschnitt geringer als das Schuldenwachstum. Dies erklärt die sinkende Verschuldung, liefert aber auch eine Begründung dafür, warum der europäische Geldreichtum (Wohlstand) mit jenem der USA nicht Schritt halten konnte. (Quelle: www.tradingeconomics.com)

Vergleiche sind nicht immer leicht zu erstellen. Ich darf an dieser Stelle bereits anmerken, dass das wirtschaftliche und politische System in Europa große Schwächen hat, die wir jeden Tag erleben und beklagen. Es bedeutet aber nicht, dass anderswo nicht andere Probleme bestünden, die sich oft aus scheinbaren Vorteilen ergeben. Das geringe Wachstum in Europa war die Konsequenz aus dem geringeren Verschuldungswillen, der in Europa nach der Finanzkrise vorherrschte.

Die Ära Trump brachte eine politische Zäsur

Die USA brachten sich durch die nachhaltige Verschuldungspolitik in eine schwierige gesellschaftliche, innenpolitische und unter Trump auch außenpolitische Lage. Ursache war der zu starke US-Dollar, der durch die Attraktivität der Börse begründet war. Die Wirtschaft lief zwar gut, brachte aber nur wenigen Menschen Vorteile. Wenn die Unzufriedenheit in der eigenen Bevölkerung wächst, braucht es nur einen Populisten wie Trump, um die Stimmung weiter anzuheizen und Feindseligkeit nach außen zu tragen. Es dauerte nicht lange, bis Donald Trump volle Breitseiten gegen China zu schießen begann. Aber auch Europa, und hier vor allem Deutschland, wurde mit Kritik überschüttet. Trump sprach von unfairem Handel, der die Amerikaner benachteiligte – während wir uns in Europa darüber beklagten, dass wir beim Wohlstand ins Hintertreffen geraten. Selbst gegen die Wirtschaftsmächte, Kanada und Mexiko, die der Freihandelszone NAFTA nahestehen, hatte Trump Kritik vorgebracht und Handelshemmnisse eingebaut. Die Wirtschaftspolitik Trumps hatte vordergründig darauf abgezielt, den USA wirtschaftliche Vorteile zu bringen, indem anderen Staaten Nachteile verpasst wurden.

Das Ziel Donald Trumps bestand, wie er schon vor seiner Wahl erklärt hatte, darin, die Handels- und Leistungsbilanz der USA zu sanieren, die vollkommen aus dem Lot geraten war.

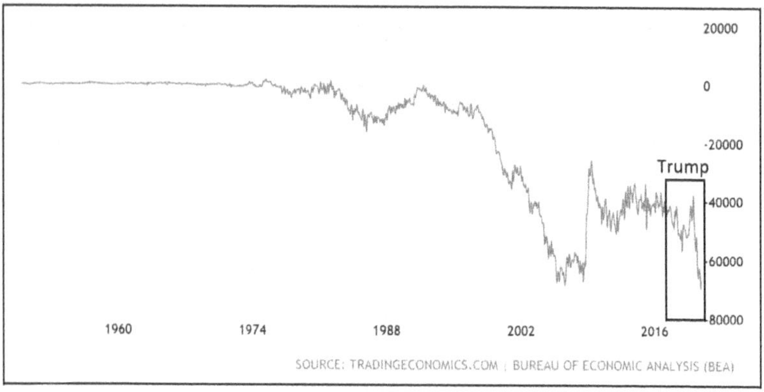

Entwicklung der US-Handelsbilanz: Die Defizite in der Handelsbilanz der USA begannen Anfang der 90er-Jahre zu steigen. Dieser Zeitpunkt brachte ausländischen Wettbewerbern bei gleichzeitiger US-Stärke Kostenvorteile gegenüber den Produktionsmöglichkeiten in den USA. Walmart und viele andere amerikanische Unternehmen begannen, die Produktion von Waren ins Ausland zu verlagern, wo zum Teil auch die Qualität deutlich besser war. Die Ära Trump brachte trotz Zwangsmaßnahmen durch die Verhängung von Handelszöllen einen neuerlichen massiven Anstieg des Handelsbilanzdefizits. (Quelle: www.tradingeconomics.com)

Die Grafik zur Entwicklung des Handelsbilanzdefizites zeigt anschaulich, dass von Regierungen überlegte Maßnahmen nicht einfach so von Erfolg gekrönt sind. Trump hatte völlig übersehen, dass die USA und ihre Unternehmen, aber auch die arbeitende Bevölkerung in den USA, gar nicht über die Voraussetzungen und Fähigkeiten verfügen, um Produktionen einfach so aus Übersee zurückzuholen. Eines der großen Probleme ausländischer Unternehmen in den USA besteht darin, qualifiziertes Personal zu finden. Deutsche Autobauer sind dazu übergegangen, das Lehrlingsausbildungssystem aus Deutschland in die USA zu exportieren, um hier nach einigen Jahren (!) über qualifiziertes Personal verfügen zu können (vgl. Kapitel 8).

Mit der Präsidentschaft Joe Bidens wird sich die aggressive Haltung der USA gegenüber seinen westlichen Partnern und seinen Nachbarn abmildern. Ich rechne aber nicht damit, dass die USA darauf verzichten werden, Druck auszuüben, wenn es darum geht, die Reihen gegenüber China zu schließen.

Die Entwicklung Chinas in den beiden letzten Jahrzehnten

China war noch vor 25 Jahren eine bitterarme Volkswirtschaft mit dem Status eines Dritte-Welt-Landes. Das Bruttoinlandsprodukt Chinas im Jahr 1996 betrug rund 864 Mrd. US-Dollar. Ende 2020 lag das Bruttoinlandsprodukt (BIP) bei rund 14.750 Mrd. US-Dollar. Das BIP Chinas hat sich in dieser Zeit also um das 16-Fache gesteigert. Ausgehend vom Jahr 1996 ist das BIP damit um durchschnittlich 11,35 Prozent pro Jahr gestiegen – ein phänomenaler Wert! Das Wirtschaftswachstum Chinas im Jahr 2020 belief sich mit rund 400 Mrd. US-Dollar auf fast 50 Prozent des BIP aus dem Jahr 1996. Wenn wir heute von schwachen Wachstumsraten in China lesen, wird ein Bild suggeriert, das Land könnte vor Problemen stehen. Ich habe es mir angewöhnt, nicht auf die Prozentsätze zu achten, sondern auf das Maß der absoluten Steigerung des Wachstums.

China hatte in den letzten Jahren immer wieder kurzzeitige Inflationsprobleme. 2020 brachte weltweit einen deutlichen Rückgang der Inflationsraten, so auch in China.

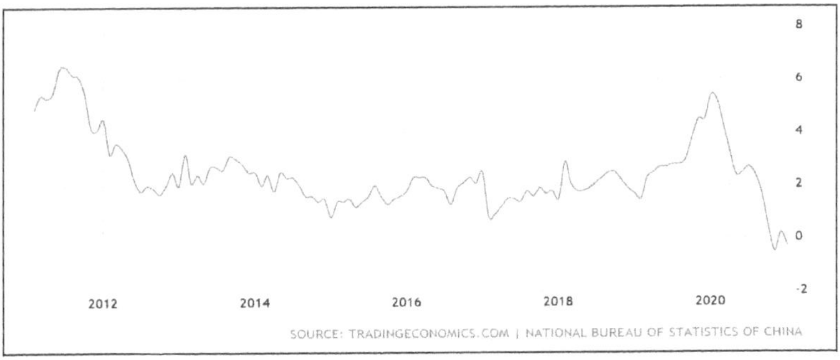

Inflationsentwicklung in China: Die durchschnittliche Preissteigerung in den vergangenen zehn Jahren betrug rund 2,5 Prozent. Bei durchschnittlich 6,5 Prozent Wirtschaftswachstum stieg die Wirtschaftsleistung damit real um 4 Prozent pro Jahr. In Europa und den USA lag der Wert der realen Steigerung der Wirtschaftsleistung bei lediglich 1 Prozent. Während in Europa und den USA die Wirtschaftsleistung zusammenbrach (real minus 5 Prozent in den USA und minus 7 Prozent in der EU) stagnierte Chinas in dieser Zeit lediglich. (Quelle: www.tradingeconomics.com)

Für 2021 und die Folgejahre wird hohes Wachstum für China erwartet

In den vergangenen Jahren wuchs Chinas Wirtschaft durchschnittlich um 6,5 Prozent pro Jahr. Auch für 2021 wird eine entsprechend hohe Wachstumsrate erwartet. Nominal steigt Chinas BIP damit bis Ende 2021 auf 15.700 Mrd. US-Dollar. Sollten es, wie manche Ökonomen meinen, tatsächlich 8 Prozent Wachstumsanstieg werden, wird Chinas Wirtschaftsleistung auf sogar 15.900 Mrd. US-Dollar steigen. Dies entspricht einer Steigerung der Wirtschaftsleistung um 1.200 Mrd. US-Dollar (oder 150 Prozent des BIP 1996).

Die Wirtschaft der USA hatte Ende 2019 ein Volumen von 21.300 Mrd. US-Dollar erreicht und knapp 3 Prozent davon durch die Pandemie verloren. Die US-Wirtschaftsleistung lag damit Ende 2020 bei rund 20.700 Mrd. US-Dollar. Für 2021 wird ein Wachstum um 6 Prozent erwartet, was die amerikanische Wirtschaftsleistung um rund 1.200 Mrd. US-Dollar steigern wird, aber nur um 600 Mrd. über den Wert von Ende 2019 bringen wird. Chinas Wirtschaftsleistung ist bereits 2020 um 400 Mrd. weitergestiegen und wird 2021 um ebenfalls 1.000 bis 1.200 Mrd. US-Dollar wachsen.

China hat in den letzten Jahren den Ausbau seines Kapitalmarktes konsequent vorangetrieben und dabei hohe staatliche Investitionen getätigt. Es ist vor allem diese Aktivität, die meiner Meinung nach Abwehrreaktionen der USA hervorruft. Die Aktienmärkte Chinas sind für ausländische Investoren noch nicht frei zugänglich, die Marktkapitalisierung der chinesischen Börsen ist aber in einem ähnlich atemberaubenden Tempo gestiegen wie jene der USA. Nur haben private chinesische Unternehmen (abseits der Staatsunternehmen) in der Regel eine deutlich gesündere Kapitalausstattung und erzielen höhere Gewinne als die hochverschuldeten amerikanischen Unternehmen. Wenn nun China beginnt, auch den Anleihenmarkt breit aufzustellen, ist es nur eine Frage der Zeit, bis chinesische Staatsanleihen mit amerikanischen und europäischen Anleihen um Anleger zu buhlen beginnen.

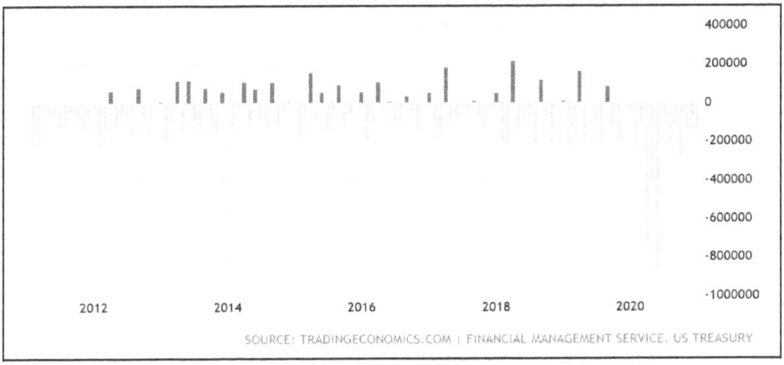

Neuverschuldung in den USA: Dunkle Balken sind regelmäßige Besonderheiten. Die durchschnittliche Neuverschuldung der USA in den vergangenen zehn Jahren betrug 5 Prozent des BIP. 2020 waren es mehr als 15 Prozent des BIP. (Quelle: www.tradingeconomics.com)

Auch China verschuldete sich in den vergangenen zehn Jahren in erheblichem Umfang neu. Durch das hohe Wachstum wirkt sich dies auf die Gesamtverschuldung aber kaum aus. 2020 stieg die Verschuldung Chinas nur um rund 5 Prozent. Nach der Finanzkrise klotzte China mit Neuverschuldung und »rettete die Welt«. In der Corona-Krise kam China ohne Neuverschuldung aus.

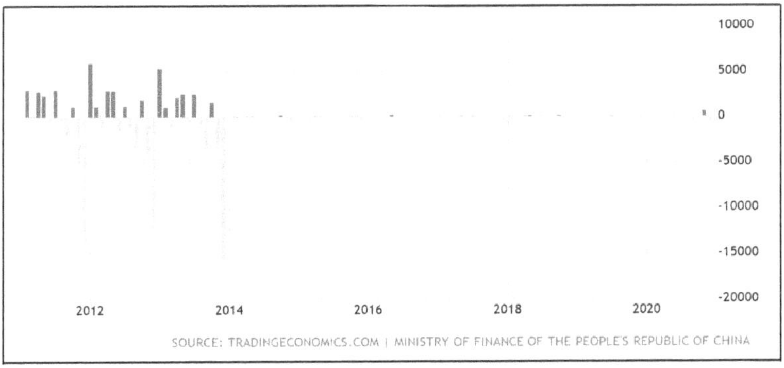

Neuverschuldung Chinas: China verschuldete sich nach der Finanzkrise in einer enormen Weise und führte die Welt damals wieder auf Wachstumskurs zurück. In dieser Zeit fiel auch die Nachfrage nach Rohstoffen, die benötigt wurden, um China zu starkem Wachstum und dem Ausbau der Infrastruktur zu verhelfen. (Quelle: www.tradingeconomics.com)

Das Wachstum der USA wird nach 2021 wieder zurückfallen – Chinas Wachstum wird sinken, das der USA aber noch viele Jahre übertreffen

Ich rechne damit, dass Chinas Wachstum in den kommenden Jahren um rund 500 Mrd. US-Dollar pro Jahr höher ausfallen wird als jenes der USA. Infolgedessen wäre spätestens Ende der 20er-Jahre damit zu rechnen, dass China beim nominalen Bruttoinlandsprodukt mit den USA gleichzieht.

Der Westen fühlt sich durch diese Entwicklung herausgefordert. Seit dem 17. Jahrhundert ist der Westen, zunächst in Form des British Empire und seit 100 Jahren durch die Führungsübernahme der USA, der beherrschende Faktor auf dem Globus. Die kommunistische Herausforderung durch Sowjet-Russland konnte im 20. Jahrhundert dadurch bewältigt werden, dass Russland einseitig auf die Rohstoffwirtschaft ausgerichtet war. Dies war der Dauer-Aufrüstung geschuldet, welche sich schlussendlich als nicht finanzierbar erwies, weil der Westen durch Innovationen wirtschaftliche Dominanz erreichte. Der wirtschaftlich breiter aufgestellte Westen konnte die Militärausgaben, verglichen mit der UdSSR, mit immer weniger Gesamtaufwand bewältigen und dabei auch rüstungstechnisch führend werden.

Die Herausforderung durch China ist vielfältiger und bedrohlicher

Gewiss baut auch China seine militärischen Kapazitäten aus. Die Volksrepublik investiert aber sehr viel mehr in den Ausbau seiner Wirtschaft, den Kapitalmarkt, der Technologie und Infrastruktur. China hat am Beispiel der Sowjetunion erkannt, dass es nicht möglich ist, als Arbeiter- und Bauernstaat mit einem starken Militär an die Spitze zu gelangen. Dies ist nur möglich, wenn man wirtschaftlich und technologisch zulegt. Militärische Stärke ist ein Nachzieheffekt. China achtet darauf, militärisch so stark zu sein, dass es durch niemanden herausgefordert werden kann, ohne dass der Betreffende sich dabei selbst substanziell gefährden würde. Die Volksrepublik ist heute weit davon entfernt, den Westen militärisch herausfordern zu können. Ich bin mir auch nicht sicher, ob das überhaupt Chinas Ziel ist. China ist ein sehr großes Land, und wie der Konflikt um die Uiguren zeigt, ist es durchaus nicht selbstverständlich, das Land politisch und gesellschaftlich geeint zu halten. Dass China langfristig keine Lust hat, nach der Pfeife der in den letzten Jahrhunderten dominierenden Westmächte zu tanzen, werte ich als legitimes Interesse. Es ist gefährlicher populistischer Unsinn zu verbreiten, dass China den Rest der Welt zu überrennen drohe, der jedoch in den kommenden Jahren an Bedeutung gewinnen wird.

China hat gelernt, dass es wichtig ist, wirtschaftlich zu wachsen. Nur so kann die Staatsführung das Volk bei Laune halten. Wenn die Konsumentenstimmung ein Indikator dafür ist, dürfte dieses Vorhaben bislang gelungen sein. Die Konsumentenstimmung ist seit vielen Jahren sehr gut – infolgedessen sind es auch die Einzelhandelsumsätze, was wiederum das Wirtschaftswachstum befeuert.

Die USA kann sich hohe Schulden noch lange leisten, weil der amerikanische Kapitalmarkt so interessant ist

Die USA haben, wie oben gezeigt, ein sehr hohes Handels- und Leistungsbilanzdefizit. Diese Defizite sind langfristig eine Belastung für die Währungsentwicklung. Ein starker US-Dollar erhöht diese Defizite, weil Waren aus dem Ausland durch den starken Kurs des US-Dollars zu billig werden (Donald Trump nannte das »unfairen Handel«). Dieser Effekt wird dadurch ausgeglichen, dass die Kapitalbilanz der USA – zum Teil auch angelockt durch die Stärke des US-Dollars – positiv ist. Das Wort »positiv« ist hier so zu verstehen, dass ausländische Portfolio- und Direktinvestitionen steigen, weil Anlage- und Investitionschancen in den USA wahrgenommen werden.

Tatsächlich haben ausländische Investoren in den vergangenen zehn Jahren sehr hohe Summen in die USA investiert, sowohl in den Anleihenmarkt als auch in Aktien. Deutsche Unternehmen übernahmen amerikanische Unternehmen (wie in der Vergangenheit zu einem Zeitpunkt sehr hoher US-Dollar-Kurse), wie Bayer beispielsweise Monsanto. Das war übrigens vor 20 Jahren nicht anders, deutsche Unternehmen waren in den USA als Käufer unterwegs und erwarben Abschreiber oder Beteiligungen, die sehr lange brauchten, um profitabel zu werden.

Ausländer legten bis 2019 um 40 Prozent mehr Kapital in den USA an, als Investoren aus den USA ihrerseits im Ausland. 2008 hatte der Unterschied lediglich 8 Prozent betragen, was in etwa einen ausgeglichenen Saldo bedeutete. Damals stand der US-Dollar bei fast 1,60 zum Euro und der Ölpreis bei 145 US-Dollar je Fass, zwei Umstände, auf die ich später noch ausführlicher zu sprechen komme.

Geld ist Schuld – und so gibt es neben unglaublich hohen Schulden auch unglaublich viel Geld

Investoren sind immer auf der Suche nach Gelegenheiten, wie sie ihr Kapital investieren können. Dabei geht es neben der Sicherheit der Investition immer auch um die Aussichten für den Ertrag der Investitionen. Wie schon im Kapitel *Crypto Tulips und andere Spekulationsblüten* angesprochen, geraten Anleger irgendwann in einen Zustand der Berauschtheit.

Die Situation für die Kapitalmärkte in den USA ist aktuell prekär, weil die Bewertung für Wertpapiere sehr hoch ist und im Grunde spektakuläre Übertreibungen darstellt. In diesem Buch widme ich mich dem Unterfangen, diese Sachverhalte zu beleuchten, die wechselweisen Abhängigkeiten aufzuzeigen und die wahrscheinlichen Folgen zu extrapolieren. Ich bitte Sie bei der Lektüre um etwas Geduld, weil das Aufzeigen der Hintergründe es erfordert, dass wir die wesentlichen Punkte, die verknüpft werden, erkennen und verstehen.

Die eigentliche Herausforderung durch China besteht darin, dass der substanziell interessante chinesische Aktienmarkt dereinst für Ausländer zugänglich gemacht werden könnte und damit in Konkurrenz zur amerikanischen Börse tritt. Die Staatsverschuldung Chinas hat in den vergangenen zehn Jahren ein Volumen von rund 8.000 Mrd. US-Dollar erreicht. Das ist bereits ein Drittel der Staatsverschuldung der USA. Zwar steigen die Schulden in den USA mit einem Affenzahn, doch hält die wirtschaftliche Entwicklung der USA damit nicht Schritt, was die Sicherheit der Schuldentragfähigkeit langfristig in Zweifel zieht.

Chinas Schulden wachsen zwar auch, doch ist die Staatsverschuldung Chinas mit rund 66 Prozent des BIP nicht einmal halb so hoch wie jene der USA. Wächst die chinesische Wirtschaft weiterhin um mehr als 1.000 Mrd. US-Dollar pro Jahr, kann sich China im bisherigen Umfang neu verschulden, ohne die Schuldentragfähigkeit langfristig infrage zu stellen. Dabei müsste weder der Anteil am BIP gesteigert noch der eigene Anleihenmarkt deutlich vergrößert werden. China kann sich in den kommenden zehn Jahren sogar mit dem Doppelten seines BIP-Wachstums verschulden, ohne auch nur in die Nähe des Verschuldungsgrades der USA zu geraten; in absoluten Zahlen betrachtet wächst der Anleihenmarkt Chinas dann aber flott auf das Volumen der USA an. Die Frage ist, wie Anleger die Schuldenqualität und damit die Geldqualität von US-Dollar und Yuan beurteilen.

Noch ist der Yuan nicht frei (konvertierbar)

China hat sich noch nicht dazu durchringen können, seine Währung frei konvertierbar zu machen. Der Druck, dies zu tun, wird in den kommenden Jahren steigen; das liegt im Interesse der Westmächte. China wird das aber nicht auf Wunsch der Westmächte durchführen, sondern wenn das Timing im eigenen Interesse passend ist. Diese Eigenständigkeit Chinas bei der Durchsetzung seiner Interessen ist ein Gruselschaustück für die Westmächte. Solange die eigenen Kapitalmärkte dominant sind, können auch Maßnahmen in anderen frei zugänglichen Märkten durchgeführt werden. Die Eigenschaft des US-Dollars als bestimmende Rohstoffwährung hat dazu beigetragen, die Sowjetunion unter Kontrolle zu bringen. Auch der Irak und zuletzt der Iran haben lernen müssen, dass die USA nicht nur in der Lage, sondern auch gewillt sind, den Gebrauch des US-Dollars und damit den Zugang zum freien Kapitalmarkt zu unterbinden.

China ist kein Land, das vom Rohstoffexport abhängt. Und es erkennt, wie die USA die eigene Währung als Waffe einsetzt. Das ist der Grund, warum China seine Wirtschaft und seinen Kapitalmarkt entwickelt und dadurch Sorge, ja sogar Angst in den USA weckt. China will nicht, dass es von anderen Kapitalmärkten abgeschnitten werden kann. Vielmehr will das Land durch seinen eigenen Kapitalmarkt Zugang zu allen Gütern der Welt erlangen, um seine Bevölkerung versorgen zu können, um damit das Regime stabil zu halten.

Die Handelssanktionen der USA haben den Willen Chinas gestärkt, nicht geschwächt

Donald Trump hat wie ein Elefant im Porzellanladen agiert und neben seinen westlichen Partnern auch und vor allem China vorgeführt. Sein Ziel, das Handelsbilanzdefizit mit China zu reduzieren, hat er bei weitem verfehlt. Es wuchs sogar. Er hat die chinesische Führung aber wachgerüttelt. Die Zeit der ruhigen und unbeeinflussten Entwicklung der kommunistischen Volksrepublik China ist vorbei. Der Westen hat mit Präsident Trump aufgezeigt, dass er sich mittlerweile bedroht fühlt und Maßnahmen ergreifen will, um den weiteren Aufstieg Chinas zu bremsen. Es ist offenkundig, dass die Handelssanktionen dabei eine beinahe irrelevante Groteske darstellten.

Was China und seinen Unternehmen aber schadet, ist der teilweise Ausschluss bei Angeboten im Westen (Huawei beim Ausbau der 5G-Technologie). Vor allem aber leiden chinesische Unternehmen unter dem Verbot einer Lieferung hochwertiger Technologiegüter und hierbei besonders der Halbleitererzeugnisse, die die Basis für digitalen Fortschritt darstellen.

China hat in den vergangenen Jahrzehnten mehrere Branchen »übernommen«. Die Halbleitererzeugung und -weiterentwicklung ist ein recht komplexes und kapitalintensives Feld. Hier hat China noch keine ausreichenden eigenen Kapazitäten und Fähigkeiten und ist damit auch angreifbar. China wird alles unternehmen, um in diesem Bereich aufzuholen, weil sein Aufstieg sonst doch noch ausgebremst werden wird.

China ist kapitalseitig in der Lage, große Investitionen zu tätigen. Die Frage, die sich stellt, lautet, wie lange China noch zu westlichen Erzeugnissen Zugang hat. Um die Oberhand zu behalten, müsste es dem Westen gelingen, eine Front zu bilden, um den Zugang Chinas einzuschränken und gleichzeitig, auf Basis der Innovationsstärke, in der Entwicklung Gas zu geben.

Der Konflikt zwischen dem Westen und China wird nicht einfach so enden. Er wird sich intensivieren.

Wichtige Grundthesen, die sich auf Basis des fundamentalen Befundes ergeben

Grundthese 1
Sowohl China als auch der Westen werden massiv investieren

Im Unterschied zum Konflikt zwischen dem Westen und der einstigen UdSSR geht es nicht um einen militärischen Aufrüstungswettbewerb, sondern um die generelle wirtschaftliche Dominanz.

Im Westen, und hier vor allem in den USA, wird es zu reichhaltigen Infrastrukturinvestitionen kommen, die bereits in den kommenden drei bis vier Jahren angestoßen werden. Diese Investitionen werden sowohl in grundlegende Neubauten von Straßen- und Energienetzen fließen, sie werden aber auch Technologieinvestitionen fördern, um China doch noch zu enteilen.

China wird hier reagieren, seine Infrastruktur weiter modernisieren und so flächendeckend wie möglich bereitstellen. Auch China wird massiv in den technologischen Fortschritt investieren.

Grundthese 2
Es wird weiterhin hohes Schulden- und damit Geldwachstum geben

Die Investitionen können weder in China und erst recht nicht im Westen mit vorhandenem Vermögen getätigt werden. Dazu sind also noch mehr Schulden nötig, um das Geld zu erzeugen, mit dem diese Investitionen durchgeführt werden können.

Die USA werden sich 2021 wieder um fast 15 Prozent des BIP neu verschulden. Dabei ist ein aggressives Investitionsprogramm für die kommenden Jahre erst im zweiten Halbjahr 2021 zu erwarten. Dieses könnte eine hohe Neuverschuldung für die kommenden Jahre festschreiben, welche die Voraussetzung für derartige Investitionen sein wird.

Grundthese 3
Nie wieder Zinsen 2.0

Steigen die Schulden weiter, können die Zinsen nicht nachhaltig steigen, ohne die Staaten vor das Problem der Unfinanzierbarkeit zu stellen und Unternehmen reihenweise in die Insolvenz zu schicken. Denn bei nachlassender wirtschaftlicher Aktivität sinken die Einnahmen, und die hoch verschuldeten Unternehmen bekommen weitere Probleme.

Diese Grundthese 3 steht im Konflikt mit Grundthese 4 und 5, das jedoch höchstens temporär.

Grundthese 4
Massive Infrastrukturinvestitionen lassen die Rohstoffpreise länger steigen

Seit 2013 kam es zu deutlichen Rückgängen bei den Rohstoffpreisen. Damals hoch verschuldete Rohstoffunternehmen haben in den vergangenen acht Jahren ihre Bilanzen in Ordnung gebracht. Teilweise geschah dies dadurch, dass Produktionen verkauft oder auch einfach stillgelegt wurden. Angesichts der guten wirtschaftlichen Entwicklung in der verarbeitenden Industrie kam es bereits

2020 zu einem ansehnlichen Anstieg einiger Rohstoffe. Vor allem Industriemetalle sind wieder »teuer« geworden. Gleichzeitig mit dem Erstarken der Rohstoffpreise hat sich auch der US-Dollar abzuschwächen begonnen!

Grundthese 5
Die Inflation wird ein Thema – für einige Jahre

Steigende Investitionen in die Infrastruktur werden die Arbeitsplatzsituation und die Lohnhöhe beeinflussen. Vor allem aber rechne ich mit Verknappungen und daraus folgend mit deutlichen Preissteigerungen für viele Rohstoffe, deren Produktion nicht auf Knopfdruck erhöht werden kann. Kaum ein Rohstoff lässt sich auf Knopfdruck skalieren. Das braucht Zeit. In dieser Zeit steigen Preise solange an, bis ein Gleichgewicht zwischen Nachfrage und Angebot erreicht wird (beziehungsweise bis die Nachfrage angesichts exorbitanter Preise nachlässt). Bis dieser Punkt erreicht ist, steigen die Preise an. Damit entsteht Inflation, und diese kann in den kommenden Jahren auch eine beachtliche Höhe erreichen.

Grundthese 6
Das Potenzialwachstum wird gesteigert – auf Pump

Wirtschaftswachstum auf Pump ist möglich, aber kaum dauerhaft aufrechtzuerhalten. Irgendwann wird es dazu kommen, dass das Wirtschaftswachstum am »zu geringen« Wachstum von nicht skalierbaren Assets zu einem Punkt gelangt, an dem sich das Wachstum ungebremst fortsetzen lässt. Diese erzwungene Verlangsamung der Wirtschaft wird das langfristige Inflationspotenzial dämpfen. Dies ist der Fall, wenn sich Rohstoffpreise vervielfachen, künstlich verknappt werden oder wirklich knapp sind. In der Industrie hört man nun beim Neustart der Wirtschaft häufig Klagen über schwer verfügbare Materialien oder Computerchips.

Diese Grundthesen werden sich später fortsetzen, wenn es um die Folgewirkungen auf die Kapitalmärkte geht. Ich habe sie an diese Stelle gesetzt, weil daraus bereits wesentliche und fundamentale Zusammenhänge sichtbar werden, die uns in den kommenden zehn Jahren begegnen werden und die uns in diesem Buch weiter beschäftigen werden. Für mich persönlich ist dieses Buch ein Beitrag zur Bewältigung der kommenden drei bis fünf Jahre, weil ich erwarte, dass es innerhalb dieses Zeitraums Entwicklungen geben kann, die wir heute noch nicht einmal in ihren Grundzügen abschätzen können, die aber im Kontext betrachtet werden können. Aus diesem Kontext heraus werden wir Entscheidungen treffen müssen. Im Unterschied zu den meisten sogenannten Experten halte ich es für möglich, den Kontext zu erkennen und im Rahmen dessen flexibel auf »Störungen« zu reagieren. Ich denke im Unterschied zu anderen: Es ist möglich, Entwicklungen abzusehen und zu verfolgen. Meine gut nachvollziehbare analytische Arbeit bestätigt das. Warum viele sagen, heute ließe sich nichts mehr prognostizieren oder erkennen, verstehe ich nicht.

Die USA werden freundlicher und zugleich dominanter

Wenn die USA ihren Führungsanspruch aufrechterhalten wollen, benötigen sie eine möglichst geschlossene Reihe von Verbündeten. Ohne Mitwirkung der anderen westlichen Staaten wird es nicht gelingen, den Aufstieg Chinas zu verlangsamen. Aufzuhalten ist der Aufstieg wohl so oder so nicht mehr. Für die USA und Europa nebst Australien und Japan wird es darum gehen, einen integrierten Wirtschafts- und Kapitalmarktblock zu bilden, der sich neben China behaupten und eigenständig versorgen kann. Die USA werden versuchen, technologisch in dieser Gruppe tonangebend zu bleiben. Die Europäer werden in der Fertigung ihre Rettung suchen, Japan wird eine Rolle dazwischen einnehmen, und Australien wird als wichtiger Partner bei der Rohstoffversorgung an Bord sein.

Die Führungsrolle der USA wurde durch Trump gefährdet

Mit der aggressiven Haltung Donald Trumps vor allem gegenüber Deutschland, aber auch der EU als Ganzem, haben die USA deutlich an Glanz und Zuverlässigkeit eingebüßt. Insbesondere Deutschland, aber auch Italien haben engere wirtschaftliche Verbindungen zu China hergestellt, um dieser neuen Unsicherheit Rechnung zu tragen.

Vermutlich bestand die größte Dummheit Donald Trumps darin, Zweifel an der Zuverlässigkeit der USA aufkommen zu lassen. Das verloren gegangene Vertrauen wiederherzustellen, wird, wenn überhaupt möglich, teuer werden. China wird alles daransetzen, eine geschlossene Front westlicher Staaten zu verhindern, und es wird einigen Aufwand betreiben, westliche Staaten zu korrumpieren. Angesichts der Schwäche vieler westlicher Ökonomien wäre ein solches Bemühen Chinas nicht sinnlos.

In Anbetracht des hohen Exportanteils am BIP der deutschen und italienischen Wirtschaft werden diese beiden Länder auch aufgrund ihrer Größe vom Drang der USA und Chinas von allen Staaten am meisten betroffen sein. Der Ruf der USA hat außerhalb Europas auch in Lateinamerika, Afrika und im Nahen Osten gelitten. Dort wird es vor allem auf die Sicherung von Rohstoffvorkommen ankommen, um die westlichen Wirtschaften in Gang zu halten. Dies sicherzustellen, wird nicht gratis sein.

Ihre Führungsrolle durchzusetzen, wird für die USA zum Kraftakt werden. Er wird nicht auf der Basis eigener wirtschaftlicher Stärke etabliert werden, sondern in einer Situation, in der die Kapitalmärkte der USA durch steigende Inflationsraten und nachfolgend potenziell steigenden Zinsen gefährdet sein könnten.

Die Notenbanken werden es richten (müssen)

Ein Zusammenbruch wäre unvermeidlich, wenn da nicht die Notenbanken wären

Grundthese 1 lautet, dass sowohl der Westen als auch China hohe Investitionen angehen werden, die gemäß These 2 durch weiterhin hohes Schuldenwachstum angetrieben werden. Das wird in der Folge zu steigender Nachfrage nach knappen Gütern wie Rohstoffen führen – Grundthese 4. Daraus werden der Verknappung folgend die Inflationsraten steigen und auch das Potenzialwachstum wird für einige Zeit angehoben.

Weil steigende Inflation traditionell zu steigenden Zinsen führt, machen sich zurzeit viele Sorgen über nachhaltig steigende Zinsen und sorgen sich damit auch um die Integrität der Kapitalmärkte. Der Verschuldungsgrad von Staaten, Unternehmen und auch Privatleuten in den USA lässt starke Zinsanstiege nicht folgenlos zu. Staaten müssten die Steuern erhöhen, um steigende Zinsen angesichts der exorbitant hohen Schuldenlast tragen zu können.

Sollten Zinsen nachhaltig steigen, würden hochverschuldete Unternehmen Gewinneinbußen erleiden, welche die zurzeit sehr hohen Bewertungen (an den Börsen) konterkarieren würden. Ein Börsenkrach und wohl auch eine Kreditkrise (Ausfall von Unternehmensanleihen) wären die logische Folge. Das wird nicht geschehen, weil die Notenbanken das nicht zulassen werden.

Die Rohstoffpreise beginnen bereits zu steigen. Noch ist ihr Anstieg lediglich eine Erholung vom Einbruch des Jahres 2020. Ausnahmen wie die Holzpreisexplosion zeigen aber, dass viel schiefgehen kann.

Es ist kein Geheimnis, dass es einen geopolitischen Konflikt mit China gibt. Gleichfalls offenkundig ist, dass auch Präsident Biden China nicht nur als Herausforderer, sondern als Gegner wahrnimmt. Ebenso ist bekannt, dass die Notenbanken und Politiker in Europa und den USA massiv auf Investitionen in grüne Energie, unabhängige Produktionsfähigkeit und den Ausbau der Infrastruktur drängen. Dazu kommen noch die gewaltigen geld- und fiskalpolitischen Liquiditätsinjektionen, die nach wie vor, meiner Einschätzung nach dauerhaft, fließen werden.

Über das Ausmaß und die globale Verbreitung der Liquiditätsinjektionen habe ich zu Beginn des Buches bereits ausführlich geschrieben. Am Anfang dieses Kapitels habe ich den voraussichtlich langwährenden und intensiven Konflikt mit China beschrieben. Der Westen wird alles daransetzen (müssen), seine Vormachtstellung zu halten. Das wird aber nicht gelingen, wenn die westlichen Länder untätig bleiben oder sich um die Höhe der Schulden scheren.

Weder wird es verpönt sein, Schulden zu machen, noch wird eine höhere Inflation zum Problem erklärt. Problematisch wurde eine höhere Inflation in der Wirtschaftsgeschichte stets dann, und nur dann, wenn die Notenbanken sich dadurch motiviert sahen, die Zinsen zu erhöhen. Mit der Zinssteigerung bezweckten sie eine Reduktion der Wirtschaftsleistung, weil Überhitzungserscheinungen zu übermäßig stark steigenden Preisen führten. Die Zeit geldpolitischer Contenance ist vorbei. Die Herausforderung durch China erzwingt im Westen eine Haltung, die wir sonst in der Geschichte nur in Kriegszeiten erlebt haben – respektive zur Bewältigung der Kriegsfolgen.

Die Unabhängigkeit der Notenbanken und unser Wohlstand ordnen sich der Staatsräson unter

Wenn westliche Staaten hoch verschuldet waren (zum Beispiel nach dem Zweiten Weltkrieg), gab es als Antwort darauf die sogenannte finanzielle Repression. Die Inflationsrate stieg, die Zinsen wurden tief gehalten. Die wirtschaftliche Entwicklung verläuft in einem solchen Szenario recht dynamisch, sodass Volkswirtschaften dadurch »aus den Schulden herauswachsen« können. Die Notenbanken verzichten, trotz beschleunigter Preisentwicklung, auf Zinserhöhungen, um das Wachstum nicht abzuwürgen. Geldbesitzer verlieren an Kaufkraft, weil die Zinsen auf Sparguthaben den Wertverlust des Geldes nicht ausgleichen.

Die Westmächte und die USA stehen heute geopolitisch mit dem Rücken zur Wand

China hat unerwartet dynamisch und vor allem unerwartet nachhaltig den Aufstieg in die oberste Liga geschafft. Vergleicht man Shanghai mit New York, stellt man erstaunt fest: Shanghai ist modern, New York in vielen Belangen ausgesprochen rückständig. China arbeitet daran, auch sein Hinterland zu modernisieren und hat hier auch noch sehr viel zu leisten.

Im Westen ist heute ein hoher Bedarf gegeben, wieder aufzubauen. Eine funktionierende und moderne Infrastruktur ist als Basis für hohes Wirtschaftswachstum erforderlich, um im Wettbewerb mit China bestehen zu können. Im Zuge dieses Investitionszyklus darf aber keine wesentliche Störung erfolgen, die zu steigenden Zinsen führen würde.

Die Notenbanken haben sich in den vergangenen 40 Jahren in der Rolle gefallen, Hort des Wissens, der Weisheit und fast auch der Allmacht zu sein. Sie werden immer wieder als »lenders of last resort« bezeichnet, weil sie als Liquiditätsspender und Kreditgeber bereitstehen, wenn sonst nichts mehr geht.

Die Unabhängigkeit der Notenbanken ist eine relative Größe. Sie ist günstig, wenn Regierungen ohne Not die Schuldenpresse anwerfen, weil Notenbanken dann als innerstaatliches Korrektiv zur Verfügung stehen. Das funktioniert in einer Demokratie mit Parteienvielfalt und häufig wechselnder Regierungsverantwortung recht gut. In einem bipolaren System wie in den USA ist das schon nicht mehr so eindeutig der Fall, weil die Verfolgung der Interessen von Corporate America eine so immense Bedeutung hat. Der Aufstieg – oder besser gesagt: der Umstieg – Janet Yellens aus der Führung der amerikanischen Notenbank (FED) zur amerikanischen Finanzministerin ist ebenso auffällig wie die Übernahme der Regierungsverantwortung durch Mario Draghi in Italien, der vormals Mitarbeiter von Goldman Sachs und dann Präsident der Europäischen Zentralbank war. Die ehemalige Handels- und spätere Finanzministerin Frankreichs, Christine Lagarde, wurde zur geschäftsführenden Direktorin des Internationalen Währungsfonds und ist heute Präsidentin der Europäischen Zentralbank.

Die Trennung der Notenbanken von Politik / Regierung / Staat ist real nicht mehr gegeben

Nach der Finanzkrise konnte die Illusion von einer Trennung der Gewalten nur noch mühsam aufrechterhalten werden. Möglich war dies auch nur, weil die handelnden Personen betrachtet werden konnten, als wären sie separiert in die jeweilige Position gebracht worden. Das Feigenblatt ist mit Corona verwelkt; nun ist auch die personelle Identität der Führungspersönlichkeiten in Nationalbanken und Regierungen offensichtlich.

Ist es schlecht, wenn Notenbanken nicht unabhängig agieren?

Das ist so generell nicht zu beantworten. Ich halte es für die logische Konsequenz daraus, dass wir in einem überschuldeten Umfeld leben. Weil Schulden gleich Geld sind, sind sie gleichbedeutend mit unserem erreichten Wohlstandsniveau.

Man könnte nun den Wohlstand aufgrund der hohen Schulden abschmelzen lassen, wie das in den vergangenen zehn Jahren vor allem in Deutschland, aber auch generell in Europa versucht wurde. Oder man nimmt das notwendige Übel in Angriff. **Die geopolitische Herausforderung durch China macht das Bemühen um Austerität zunichte.** Um zu illustrieren, worum es an dieser Stelle geht, zeige ich eine Grafik über das Geldmengenwachstum in China und stelle folgende Überlegung voran: Glauben Sie, dass die Nationalbank Chinas jemals unabhängig vom Staat agiert hat oder jemals unabhängig agieren wird? Ich meine: Das ist definitiv niemals der Fall.

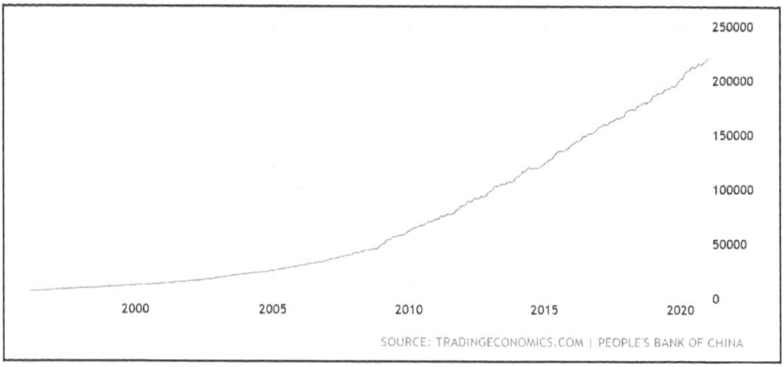

Geldmengenwachstum M2 in China: Seit der Finanzkrise 2008/2009 ist die Geldmenge in China immens gewachsen. Auch die chinesischen (Unternehmens- und) Staatschulden sind deutlich gestiegen. Schulden sind Geld, und Geld ist Macht. (Quelle: www.tradingeconomics.com)

Die chinesische Regierung hat dafür gesorgt, dass der Wohlstand der Menschen im Land deutlich angestiegen ist. Dies hat sie auch erreicht, indem sie privates Wohnungseigentum gefördert hat. Dies wiederum hat den Kreditmarkt des Landes diversifiziert und vergrößert.

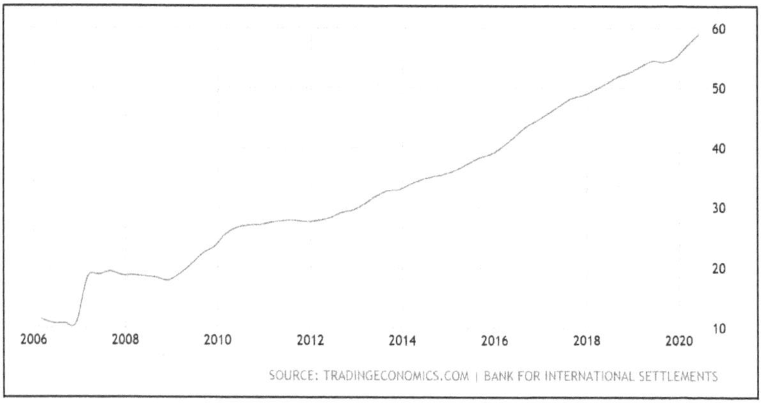

Haushaltsverschuldung in China: Erst in der Zeit der Finanzkrise vor zwölf Jahren entstand in China so etwas wie ein privater Kreditmarkt, der den chinesischen Bauboom finanzierte. Dies geschah, während wir die Wunden unserer letzten Übertreibungsphasen (Dotcom-Blase 2000, Hypotheken-Bubble 2008) leckten und unser Finanzsystem sanierten, statt wie China in Infrastruktur zu investieren. (Quelle: www.tradingeconomics.com)

Es ist in keiner Auseinandersetzung so, dass zwei Gegner unbedingt dieselben Voraussetzungen und Chancen haben. China hat seine Möglichkeiten in den vergangenen 20 Jahren durchaus waghalsig, sprich durch hohe Verschuldung der (Staats-) Unternehmen, genutzt, war dabei aber auch erfolgreich und ist heute zum ernst zu nehmenden Herausforderer des Westens geworden. Die Finanzkrise wie auch die Corona-Krise haben uns zurückgeworfen und China offenkundig dynamisch vorangebracht.

Die Tatsache, dass die chinesische Führung und die Nationalbank nie getrennt gesehen werden konnten, hat in diesen schwierigen Zeiten, kombiniert mit der Entfesselung eines freien chinesischen Kapitalmarktes, zum chinesischen Wunder beigetragen.

Wenn wir uns an die frühen 1980er-Jahre zurückerinnern, war es damals der sogenannte Big Bang in Großbritannien, der eine Reihe von Deregulierungen für den Arbeits- und Finanzmarkt mit sich brachte. Diese Deregulierungen wiederum (in den USA sprach man von »Reaganomics«) ermöglichten einen wirtschaftlichen Aufschwung in den westlichen Staaten, was damals die Sowjetunion zerbrechen ließ.

Heute wirkt es so, als stünden China und der Westen nicht mit gleich langen Spießen auf dem Feld. China hat bewiesen, dass es sehr erfolgreich möglich ist, einen staatlich gelenkten Kapitalismus aufzubauen. Wir mussten zur Kenntnis nehmen: Speziell diejenigen kulturellen Eigenschaften, die bei uns vermeintlich vorherrschen, aber in China nicht sehr ausgeprägt sind, wie die Kreativität der Eliten, reichen nicht aus, um den Abstand zu halten. Die Chinesen agieren fokussiert, langfristig und mit großer Energie. Dabei hilft auch die kulturelle Grundeinstellung zur eigenen Bedeutung in der Gesellschaft und zum Fleiß, der allenfalls fehlende Kreativität durch großen Willen und Einsatzbereitschaft ersetzt.

Wir wären dumm, nicht zu erkennen, dass wir mehr tun müssen

Falls Sie im Zuge der Lektüre dieses Buches zu denken begonnen haben, ich würde den Aufstieg Chinas unreflektiert begrüßen, muss ich an dieser Stelle bekennen, dass das nicht so ist. Es erfüllt mich mit Sorge, dass meine Befundaufnahme derart viele kompetitive Vorteile für China aufdeckt. Der Westen ist bereits ins Hintertreffen geraten. Wir haben eine grenzwertige, hochverschuldete Wirtschaftsarchitektur aufgebaut, die nach traditionellen Maßstäben nicht nachhaltig funktionieren kann. Viele Güter des täglichen Gebrauches können wir entweder nicht herstellen oder zumindest nicht zu konkurrenzfähigen Preisen.

China ist eine Diktatur, die oft mit weicher Hand regiert, die aber nie ohne die Bereitschaft zu großer Brutalität auskommt, wie die Behandlung der Uiguren zeigt. Solche Zustände, die allzeitige Überwachung der Bürger und die Benotung von deren Verhalten, das bei Missliebigkeit zu gravierenden Freiheitsbeschränkungen führt, kann ich nicht gutheißen. Ich bin im Kern ein freiheitsliebender, liberal denkender Mensch. Ich habe kein Problem damit, erfolgreichen Menschen zu ihrem Erfolg, ihrem Reichtum und ihrem Ansehen zu gratulieren. Sie haben es sich in aller Regel mit viel Können, Energie und Geschick erarbeitet – oft aber auch mit großer Rücksichtslosigkeit, das soll hier nicht vergessen werden.

Es ist wichtig, zu versuchen, sich dagegen zu stemmen, dass China der Welt seinen Stempel aufdrückt und vielleicht ein Gesellschaftssystem etabliert, das dann weltweit besteht.

Aus meiner Sicht sind unsere Politiker und Unternehmen in der Kategorie »Freiheit des Einzelnen« nicht besonders aktiv. Sie denken vor allem an die eigene Stellung und die Möglichkeit zur Einflussnahme. Es liegt an uns selbst, für Freiheit und Unabhängigkeit aktiv zu sein und zu bleiben.

Frei und unabhängig kann nur sein, wer Kompetenzen hat, die für eine Vielzahl von Menschen in der Gesellschaft attraktiv sind. Diese Kompetenzen zu erwerben, zu kultivieren und auch zu kommunizieren, ist die einzige Sicherheit, die wir uns als Menschen selbst aufbauen können, um frei und unabhängig zu sein.

Jene, die sich ihren Befindlichkeiten hingeben, ihr eigenes Versagen der Gesellschaft, den Umständen, dem persönlichen Pech oder dem Staat anlasten, sind nicht frei. Sie sind auch nicht bedauernswert. Dennoch versuche ich persönlich, auch diese Menschen anzusprechen. Wenn Sie frei sein wollen, dann geht das nur, wenn Sie sich selbst befreien; und dazu gehört es, Eigenverantwortung zu übernehmen. Selbstbestimmt zu sein, heißt, selbst zu bestimmen, selbst bestimmen zu können. Das geht aber nur, wenn man Kompetenzen beherrscht, die für andere von Wert sind. Die eigenen Schwächen zu erkennen gehört aber auch dazu, und diese Schwächen mithilfe anderer Kompetenzträger auszugleichen ebenso.

Was für Individuen gilt, gilt noch mehr auf der Ebene unserer Eliten im Verhältnis zu China.

China fordert unsere Staaten heraus – das bedroht auch unsere individuelle Unabhängigkeit

Wenn unsere Regierungen – endlich – erkannt haben, dass China mit einem ungleich längeren Speer kämpft, werden sie versuchen, mit ähnlichen Methoden zu arbeiten. Diese Methoden sind gelenkte Investitionen in Infrastruktur und Technologie. Das ist keine direkte Staatswirtschaft, aber Unternehmen werden durch Anreize motiviert, das zu tun, was sich die Regierenden wünschen.

Unternehmer werden nicht einfach motiviert, sie werden mit Rendite geködert. Auch die Aussicht, das eigene wirtschaftliche Überleben zu gestalten, hilft dabei mitzumachen.

Rendite bedeutet, dass Unternehmen das Ziel erkennen können müssen, Geld zu verdienen. Geld, das ein Staat verteilen muss, um die eigenen Ziele zu erreichen, kann er (wenn er es nicht hat) nur ausgeben, indem er sich (weiter) verschuldet und das Geld ungleich verteilt. Und damit sind wir endlich bei den Notenbanken, ohne die all das nicht funktioniert. Wir sind dann auch am Ende von deren Unabhängigkeit und vielleicht auch am Ende der Freiheit der meisten Menschen im Westen.

Unsere persönliche Freiheit ist dadurch bedroht, dass wir unsere Unabhängigkeit in wirtschaftlicher Hinsicht zunehmend verlieren. Es wird – mangels Zinsen – die Möglichkeit verloren gehen, auf sichere Weise Vermögen zu bilden und zu halten. Die Abhängigkeit von staatlichen Transferleistungen wird dafür erhöht, was Abhängigkeit schafft.

Der Westen wird massiv in die eigene wirtschaftliche Entwicklung investieren und folglich mit China in den Wettbewerb um Rohstoffe treten. Rohstoffe werden sich deutlich verknappen, erst recht, da sie durch Produktionskürzungen in den vergangenen acht Jahren nicht in vollem Umfang verfügbar sind, zumindest kurzfristig.

Für manche Rohstoffe können sich, unabhängig von zurückgehaltenen Abbaureserven, natürliche Limits ergeben, weil es tatsächlich zu wenige genehmigte Minen (-projekte) gibt. Es gibt für manche Rohstoffe auch zu geringe Vorkommen oder der Preis für deren Förderung ist zu hoch.

Ich gehe gemäß meiner Grundthese 1 (»China und der Westen werden im Kampf um die Führungsrolle massiv investieren«) davon aus, dass ein wirtschaftliches Wettrüsten des Westens mit China in Gang gesetzt wird, was uns im restlichen Jahrzehnt, sicher aber in den kommenden vier bis fünf Jahren, einen großen Aufschwung bringen wird. Das wird die Inflation anheizen und die Notenbanken aktivieren.

Die Inflation wird steigen, nicht aber die Zinsen

Historisch gab es Phasen stark steigender Inflationsraten, wenn es zur Verknappung von Waren und Arbeitsleistung kam. Es ist aktuell unwahrscheinlich, dass die Mehrzahl der Arbeitslosen oder jener Menschen in prekären Arbeitsverhältnissen sehr rasch einen (regulären) Job angeboten bekommt. Eine Lohn-Preis-Spirale wie in den 1970er-Jahren ist heute nicht denkbar.

Aus dem ersten Teil des Buches ergibt sich bereits, dass die Rohstoffpreise steigen dürften. Kommt es zu nachhaltiger Nachfrage, sind Teuerungen nur eine Frage der Zeit. Der anstehende Investitionszyklus wird aus heutiger Sicht lange währen und wird angesichts des Kampfes zwischen China und der westlichen Welt um die Vormachtstellung in der Welt in absehbarer Zeit nicht enden. Ich kann mir vorstellen, dass diese Auseinandersetzung die erste Hälfte des Jahrhunderts andauern wird. Das endet entweder mit dem Erfolg einer der beiden Seiten oder – wahrscheinlicher – mit einer gespaltenen Weltwirtschaft, die allen Beteiligten Nachteile bringt.

Die Auseinandersetzung mit China erfordert eine kriegsähnliche Geld- und Fiskalpolitik und wird gemäß Grundthese 2 hohes Schulden- und Geldwachstum zur Folge haben. Das wiederum erzwingt die Vermeidung höherer Zinsen gemäß Grundthese 3.

Es beginnt zunächst aber mit hohen Investitionen in Infrastruktur und Green Economy. Die daraus resultierende Rohstoffnachfrage wird gemäß Grundthese 4 die Rohstoffpreise steigen lassen. Das steigert die Inflation gemäß Grundthese 5 und führt bei tiefbleibenden Zinsen zu Wohlstandsverlusten der (einfachen) Bevölkerung. Die Elite, die Industrie und die damit verwobene Politik werden in dieser Zeit Preiserhöhungen weitergeben und selbst nicht darben. Verstehen Sie mich nicht falsch: Ich lehne die größere Einseitigkeit der Wohlstandsverteilung weder ab, noch heiße ich sie gut – ich halte sie für die logische Konsequenz einer säkularen Auseinandersetzung, wie sie in den letzten 500 Jahren nicht vorgekommen ist. **Es ist ein Kampf der chinesischen Elite mit jener des Westens.** Die Freiheit und der Wohlstand der Bevölkerung sind in Zeiten des Friedens ein hohes Gut, in Zeiten des Konfliktes aber anfällig für Kollateralschäden.

Ich bin neutral, was diese Dinge betrifft, weil ein Abseitsstehen nicht möglich ist. Die Eliten Chinas wollen auftrumpfen und sehen eine Gelegenheit dazu. Unsere Eliten wollen sich wehren. Auch wenn das negative Folgen für jeden von uns nach sich ziehen kann, liegt es aus meiner Sicht wohl auch (entfernt) in unserem Interesse, dass dieser Konflikt energisch und konsequent ausgetragen wird. Oder stellen Sie sich eine Staatsbürgerschaft in der Volksrepublik Erde attraktiv vor?

Unser Vermögen wird auf absehbare Zeit durch niedrige Zinsen und gleichzeitig steigende Inflation abschmelzen – ausser wir handeln

Dies folgt aus der Tatsache, dass zwar die Inflation ansteigen wird, nicht aber die Zinsen. Jene, die sich mit den Kapitalmärkten nicht auskennen, werden jedenfalls verlieren, und viele davon werden auch staatliche Versorgung benötigen.

Ich habe herausgearbeitet, dass wir vor dem Eindruck der geopolitischen Herausforderung durch China in einer Situation stecken, die es unseren Führungseliten nicht erlaubt, untätig zu bleiben. Ein Krieg mit China ist unwahrscheinlich, er wäre für die Menschheit ein finales Trauma. Ein Krieg um jeden Preis, als Fortsetzung der Politik mit anderen Mitteln, ist im Zeitalter der totalen Vernichtung aller Ressourcen keine Möglichkeit mehr. Es klingt absurd, **aber es ist primär der Erfindung und Verbreitung atomarer und biochemischer Waffen zu verdanken, dass es in den vergangenen 70 Jahren keine großen Kriege gab** und – wie ich vermute – auch nicht mehr geben wird. Das Ziel der Eliten besteht darin, ihre Macht zu erhalten und ein gutes Leben zu führen. Das ist nicht mehr möglich, wenn die Lebensgrundlage vernichtet wird. Damit bin ich zwar nicht sorglos, was die Zukunft betrifft, ich fokussiere mich aber auf das wahrscheinlichste Szenario.

Der Kampf um die wirtschaftliche Führungsrolle auf der Welt

Hochverschuldet und herausgefordert bleibt für den Westen nur die Flucht nach vorn. Ein Ende der Verschuldungspolitik ist unmöglich. Untätigkeit in der Auseinandersetzung mit China ist auch unmöglich. Daher muss er alles unternehmen und hinnehmen, was dazu beiträgt, die Auseinandersetzung zu gewinnen. Damit der Konflikt mit China bewältigt werden kann, müssen schwerwiegende Nebenwirkungen hingenommen werden. Diese werden zum einen durch die Unmengen an Papiergeld hervorgerufen, zum anderen durch eine verstärkt ungleiche Gewinnverteilung. Es entspricht der Logik einer Auseinandersetzung zwischen Großmächten, dass dabei nicht nur sauber gehandelt wird.

Großmächte haben keine Freunde, sie haben Interessen.

Weniger Wohlstand für alle – mehr Wohlstand für Wenige

Wenn ich auch meine Bedenken bezüglich der Europäischen Union habe und diese als mäßig gelungenes Konstrukt ansehe, ich möchte nicht erleben, wie es wäre, wenn wir als kleinteilige europäische Staaten dem Match der USA gegen China nur als unbedeutende Zuschauer beiwohnen würden. Die EU ist für beide Seiten ein lohnender Geschäftspartner, und es wird für die EU wichtig sein, sich im Gezerre der beiden Seiten selbst in Szene zu setzen. Das Ziel dabei besteht darin, möglichst lange zu verhindern, zwischen den beiden Großmächten zerrieben zu werden.

Die EU wird durch langfristige Verbundenheit mit den USA und aufgrund ihrer Abneigung gegen die chinesische bürokratisch-diktatorische Ein-Parteien-Konstruktion an westlichen Werten festhalten. Ich halte es für unmöglich, dass die Werte »Gleichheit« und »Freiheit für alle Bürger« inhaltlich bewahrt werden können. Es ist, wie gesagt, ein Konflikt zwischen den Eliten des Westens und Chinas, der schwelt und unter Donald Trump offen ausgebrochen ist. Beide Seiten werden ihre Stärken fokussieren, und die liegen nun einmal beim Kapital und der Intelligenz der Eliten. In China wie im Westen wird es dennoch Wohlstandsfortschritte geben. Diese werden nur immer weniger Menschen erreichen.

Jene, die den jeweiligen Eliten nützlich sind, werden ein sehr hohes Wohlstandsniveau halten können. Andere, schlecht Ausgebildete, werden froh sein müssen, sich durchs Leben bringen zu können, ohne auf staatliche Unterstützung angewiesen und damit abhängig zu sein. Für Staaten wie Eliten wird es geboten sein, eine Verelendung zu vermeiden, daher werden Grundversorgungssysteme etabliert werden (vgl. Kapitel 8).

4. Inflation ist die Folge von Geldmengen- und Preissteigerung

Die Inflation wird regional unterschiedlich stark steigen

Ich halte es für unwahrscheinlich, dass wir mit starken Preissteigerungen rechnen müssen, die auf einer durch Arbeitskräfteknappheit ausgelösten Lohn-Preis-Spirale beruhen. Die Auseinandersetzung mit China wird immer neue Anstrengungen in der Entwicklung der Technik hervorbringen. Unternehmen werden danach trachten, immer effizienter zu produzieren, das bedeutet, zu digitalisieren und zu automatisieren. Dieser Weg ist bereits eingeschlagen und wird durch den geopolitischen Konflikt noch verstärkt.

Mit Blick auf die kommenden Jahre bin ich davon überzeugt, dass sowohl China fortfahren wird als auch der Westen damit beginnen muss, massiv in digitale Infrastruktur zu investieren. Dazu benötigen beide Blöcke unglaublich große Mengen an Grundmaterialien, die dabei zumindest vorübergehend nur begrenzt verfügbar sein werden. Übersteigt die Nachfrage das Angebot, passieren zwei Dinge:

1. Die Preise knapper Güter steigen.
2. Das Angebot wird ausgeweitet, das dauert aber oft Jahre, bis es das Nachfragevolumen erreicht und dann sogar übersteigt.

Rohstoffpreisbaissen und -haussen erfolgten in der Historie in relativ gleichmässigen Zyklen

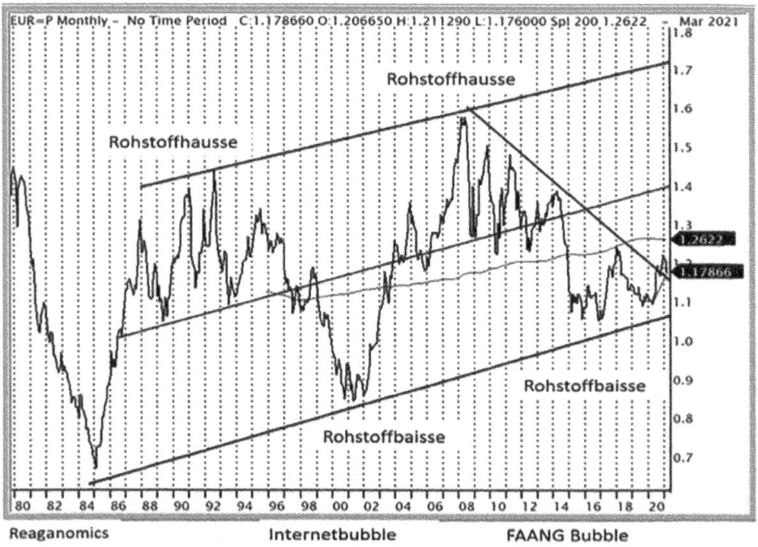

Auf eine Phase starker Börsenentwicklung in den USA bei gleichzeitig starkem US-Dollar folgte in der Vergangenheit immer eine Phase steigender Rohstoffpreise und eines gleichzeitig schwachen US-Dollars: Anleger gehen immer auf dem Weg des Geldes, damit sie es vermehren können! 1994 bis 2002 waren die amerikanischen Börsen das Ziel, ebenso im Zeitraum von 2010 bis heute. Dies ist nun die dritte massive Haussephase in den USA, die Anlegerkapital angelockt hat. Sie wird ebenso wieder vergehen, wie auch die Vorgängerblasen geplatzt sind. (Quelle: www.sungard.com und www.thetreasuryscout.com)

Wie die obige Grafik klar zeigt, gibt es einen Zusammenhang zwischen hohen Rohstoffpreisen und einem schwachen US-Dollar. Rohstoffe werden zwar in US-Dollar bepreist, meistens aber nicht in den USA, sondern an anderer Stelle auf der Welt gefördert beziehungsweise produziert. Erträge aus dem Verkauf von Rohstoffen werden dann in steigende Löhne, lokalen Konsum und damit in Nachfrage nach lokaler Währung der Produktionsländer umgesetzt. Dadurch geht dann kein einseitiger Kapitalstrom mehr in die USA. Das Geld wird dann auf der Welt etwas gleichmäßiger aufgeteilt als in Zeiten von Rohstoffbaissen. Waren die Anleger in den Jahren davor allzu einseitig, sprich in den USA, investiert, schichten sie kleine Teile aus dem größten Kapitalmarkt der Welt in attraktive und anfänglich niedrig bewertete Sektoren, Länder und Währungen um. Das genügt, um die Währung der größten Volkswirtschaft der Welt aufzuweichen. Die USA verfügen nicht nur über Vorteile wie den größten Kapitalmarkt der Welt. Sie sind auch wie kaum ein anderes Land auf der Welt vom Import von Gütern aus anderen Ländern abhängig. Je länger der US-Dollar Stärke andauert, desto stärker wachsen die Ungleichgewichte in der Handels- und Leistungsbilanz, die zu Abflüssen von Kapital beitragen.

Es liegt im Interesse der USA, dass der US-Dollar zyklisch abwertet, weil neben dem Kapitalmarkt auch die Realwirtschaft eine Erholungsphase benötigt. Steigende Preise von Rohstoffen, die in US-Dollar abgerechnet werden, bringen den Nachteil stärker steigender Preise im US-Dollar-Raum mit sich. In US-Dollar gerechnete Rohstoffpreiserhöhungen gehen eins zu eins in die Inflationsrechnung der USA ein. Andere Währungen, wie der Euro, haben bei Rohstoffpreishaussen in aller Regel gegenüber dem US-Dollar gezeigt. Dadurch wirken sich bei der Frage nach einer Teuerung Rohstoffpreissteigerungen in der eigenen Währung, etwa im Euro, weniger stark aus als im US-Dollar.

Dazu ein Beispiel: Der Wechselkurs EUR/USD liegt zu Beginn bei 1,00, der Kupferpreis bei 4.000 US-Dollar. Steigt der Kupferpreis auf 8.000 US-Dollar, verdoppelt sich der Preis in US-Dollar. Im ersten Fall lag der Preis von Kupfer bei 4.000 Euro. Bei Anstieg des Kupferpreises auf 8.000 US-Dollar und einem gleichzeitigen Anstieg des Euro auf 1,25 EUR/USD, steigt der Kupferpreis in Euro »nur« auf 6.400 Euro (um 66 Prozent) an.

Dieses kleine Beispiel illustriert, dass der Effekt der Preisteuerung in den USA um gut 60 Prozent stärker ausfällt als in einer Fremdwährung, deren Wert im Vergleich zum US-Dollar um 20 Prozent gestiegen ist. In den beiden letzten Rohstoffpreishaussen verlor der US-Dollar gegenüber dem Euro beide Male rund 50 Prozent seines Wertes. Während sich die Rohstoffpreise in US-Dollar im Schnitt verdreifacht hatten, belief sich die Steigerung in Euro dann nur auf 50 Prozent.

Es ist damit vollkommen logisch, dass die Inflationsraten in den USA über sehr lange Zeit höher waren als in Europa. Der US-Dollar gleicht das Problem höherer Inflation durch eine langfristig fallende Währung aus (in der Vergangenheit war dies begleitet von durchschnittlich höheren Zinsen!). Ich wundere mich über sogenannte Experten, die diesen einfachen Zusammenhang verkennen, der faktisch gegeben und zudem offensichtlich ist, und darüber schwadronieren, dass höhere Zinsen eine stärkere Währung bedingen. Das Gegenteil ist der Fall! Dieser Irrsinn hat aber eine hohe Beständigkeit, immerhin hält sich dieser Irrglaube schon sehr lange. Die langfristige Entwicklung des US-Dollars zeigt jedoch klar, dass er eine Schwachwährung ist, obwohl er immer höhere Zinsen bot als der Franken, der Yen oder auch der Euro.

Entwicklung des US-Dollars 1984 bis 2021 im Vergleich zu tiefer verzinsten Währungen: Der US-Dollar hat langfristig abgewertet: Das ist eine Tatsache, die man anhand dieser Grafik einem Volksschüler klarmachen kann. Für Professoren der Volkswirtschaft ist diese Erkenntnis seltsamerweise nicht zugänglich. (Quelle: www.sungard.com, thetreasuryscout.com)

Ich kann mir eine gewisse Häme nicht verkneifen. Es ist wahr: Der US-Dollar ist eine starke Währung im Vergleich zu Emerging-Markets-Währungen. Diese weisen über lange Zeit gesehen aber eben eine noch höhere Inflationsrate und auch höhere Zinsen auf als der US-Dollar (und bestätigend: Hohe Zinsen sind kein Gütesiegel, sondern ein Hinderungsgrund für Investitionen).

Die anstehende Reflationierung wird vorerst rohstoffpreisgetrieben sein, und sie wird den US-Dollar damit neuerlich längere Zeit schwächen. Die Inflation in Japan, Europa und auch China wird geringer ausfallen, weil die Währungen dieser Länder gegenüber dem US-Dollar steigen werden. Wie in einem Rohstoffpreisanstiegsszyklus üblich, können auch die Währungen von Emerging Markets in dieser Zeit gegenüber dem US-Dollar an Wert gewinnen. Dieses Szenario sehe ich für die kommenden drei bis fünf Jahre – wie es danach weitergeht, weiß ich heute nicht und kann es seriös auch nicht abschätzen. Vermutlich wird es dann Zeit, mein drittes Buch zu schreiben.

5. Steigen die Zinsen – wo und wie stark?

Globalisierte Zinsen und Anleihenkurse

Wenn wir an Globalisierung denken, denken wir in erster Linie an Produktionsstandorte, Waren aus anderen Ländern, Reisetätigkeit und Vernetzung von Wirtschaft und Gesellschaft. An den Finanzmärkten lässt sich schon seit vielen Jahrzehnten eine Vernetzung nachweisen. Nach dem Ersten Weltkrieg hatten die USA ihre heute bestehende führende wirtschaftliche Rolle eingenommen. Ab diesem Zeitpunkt war es für die Wirtschaft der USA und den Rest der Welt maßgeblich, welche Maßnahmen die amerikanische Notenbank setzte. Die Maßnahmen der Notenbanken bestanden meist in nichts anderem als einer Veränderung der Zinssätze. Erst in den vergangenen zehn Jahren kam die Veränderung durch die Ausdehnung der Bilanzsumme der Notenbanken hinzu (Quantitative Easing, sprich Gelddrucken).

Das Zinsniveau ist schon seit 100 Jahren globalisiert

Es ist aufgrund der Leitfunktion der amerikanischen Notenbank und der Eigenschaft des US-Dollars als Weltleitwährung kein Wunder, dass die grundlegenden Zinstrends global seit 100 Jahren im Gleichklang laufen und sich am US-Dollar orientieren. Dabei liefen nur die entwickelten Volkswirtschaften im Gleichklang. Eine Ausnahme machte Deutschland. Das Land hatte in der Zwischenkriegszeit 1918 bis 1933 eine massiv andere Entwicklung durchgemacht. Als kriegsunterlegene Partei wurde es zu hohen Reparationszahlungen verdonnert und führte eine vollkommen verfehlte Politik durch.

Im Folgenden betrachte ich die Zinsentwicklung der vergangenen 70 Jahre in den westlichen Industrienationen. In den Emerging Markets, zu denen technisch gesehen auch die osteuropäischen Länder gezählt werden, verglichen mit den führenden Industrieländern, kam es zu erheblich abweichenden Entwicklungen. Ich analysiere die Folgen für die EmergingMarkets später im Buch gesondert. Sie sind in der Vergangenheit regelmäßig zum Opfer von den Maßnahmen der westlichen Notenbanken geworden.

Amerikanische Staatsanleihezinsen – 100 Jahre Zinsen in den USA

Eine Folge der Weltwirtschaftskrise 1929 waren sehr lang bestehende tiefe Zinssätze. Die Staatsverschuldung war in dieser Zeit gestiegen, der Aufwand zur Tilgung der Schulden wurde niedrig gehalten.

Der Unterschied zwischen heute und damals besteht darin, dass das Zinsniveau schon bei der Finanzkrise 2008 relativ niedrig war und zu Beginn der Corona-Krise noch tiefer lag als 1940! Es ist wahrscheinlicher, dass die Zinsen noch länger tief bleiben, als dass sie (Inflationshysteriker!) bald steigen.

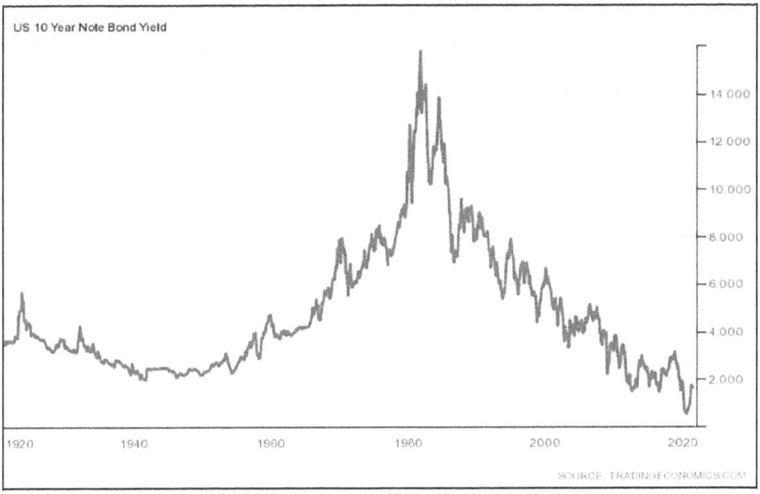

Anleihenzinsen in den USA: Die Zinsen sanken im Trend nach der Weltwirtschaftskrise und erst recht nach dem Zweiten Weltkrieg. Erst Ende der 1950er-Jahre begannen die Zinsen wieder zu steigen, dann allerdings umso stärker. (Quelle: www.tradingseconomics.com)

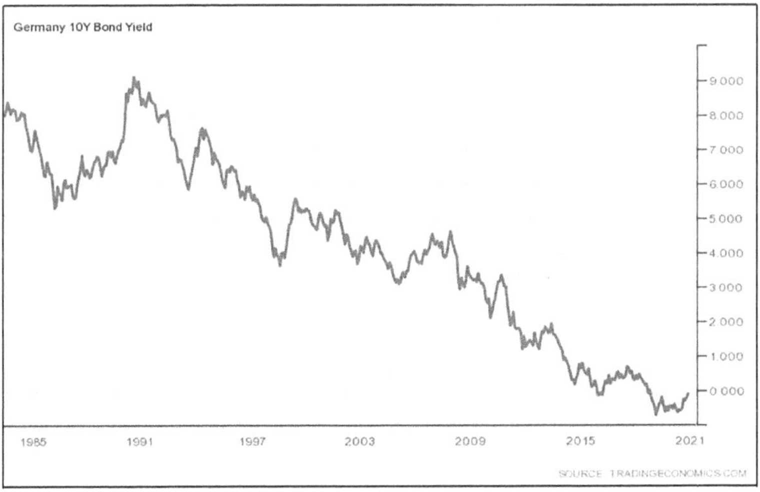

Anleihenzinsen in Deutschland: Die Daten sind erst ab 1980 verfügbar, die Entwicklung ist mit jener der USA vergleichbar – allerdings bei tieferem Zinsniveau. (Quelle: www.tradingseconomics.com).

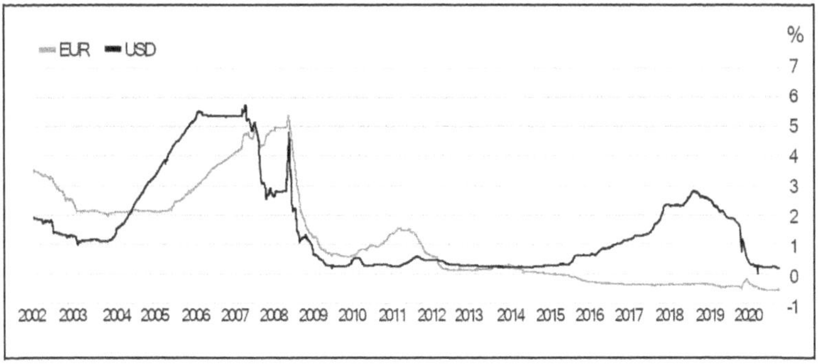

Geldmarktzinsen Eurozone versus USA: Die Eurozone hatte, aufgrund der niedrigeren Inflation, ein meist tieferes Zinsniveau als die USA oder das Vereinigte Königreich, konnte sich dem generellen Zinstrend aber nie entziehen. Trotz tieferer Zinsen seit 2016 hat der Euro in dieser Zeit um 13 Prozent gegenüber dem US-Dollar aufgewertet. (Quelle: www.thetreasuryscout.com)

Die Entwicklung der Zinsen, insbesondere seit Mitte der 2000er-Jahre, ist bemerkenswert

Mit dem Platzen der Dotcom-Blase kam es zu einer sukzessiven Ausweitung der globalen Verschuldung. Seit 2008 hat diese Entwicklung nahezu dramatische Ausmaße angenommen, das gilt insbesondere für die Staatsverschuldung.

Bei Verschlechterung der Bonität wäre es logisch, dass das allgemeine Zinsniveau steigt. Geschehen ist das Gegenteil. Die Zinsen sind seit dem Beginn der 2000er-Jahre weiter gesunken, obwohl sich die fundamentalen Voraussetzungen verschlechtert haben. Das liegt zum einen daran, dass die Staaten institutionelle Voraussetzungen geschaffen haben, die dies ermöglichen (gesetzliche Kaufgebote für Pensionskassen und Versicherungen), zum anderen bedeuten Schulden auch Vermögen, denn irgendwem schulden Staaten und Unternehmen das Geld dann auch. Und eben dieses Vermögen wird dann wiederum in Anleihen (also Schulden) investiert.

Dieser geschlossene Kreis funktioniert, solange es nicht zu einer generellen Vertrauenskrise kommt.

Ist eine generelle Vertrauenskrise zu erwarten?

Als ich im Januar 2008 auf eine drohende Finanzkrise hinwies und die Erwartung aussprach, dass eine Reihe von Banken gefährdet seien, habe ich nicht mit der ultimativen Bazooka (dem Quantitative Easing) der Notenbanken gerechnet. Am Höhepunkt der Finanzkrise trat die Fed auf den Plan und brachte ihr erstes Quantitative-Easing-Programm zur Anwendung. Quantitative Easing bedeutet, dass eine Notenbank die Anleihen des eigenen Staates erwirbt. Dies erfolgt nicht direkt, also dass die Notenbank dem Staat frisch begebene Anleihen direkt abnimmt, sondern über den Sekundär-Banken-Markt. (*Großbritanniens Bank of England hat allerdings mit diesem Prinzip im Zuge der Corona-Krise temporär gebrochen.*)

Damit erreichte die Fed damals zweierlei. Zum einen konnte sie argumentieren, dass sie keine direkte Staatsfinanzierung betrieb, sondern über die Banken frische Liquidität ins Geldsystem injizierte. Die Maßnahme sollte also den Banken Liquidität zuführen, die sich mit einer Reihe von Geschäften überhoben hatten.

Von dieser einfachen Form des Quantitative Easing haben sich die Notenbanken abgewandt. Heute kaufen Notenbanken auch die Anleihen von Unternehmen und teilweise sogar Aktien (Japan), um dem Markt noch mehr Liquidität zuzuführen.

Darüber, dass Notenbanken sich extrem weit von ihrem ursprünglichen Mandat entfernt haben, kann man lamentieren oder, wie in Deutschland, vors Verfassungsgericht ziehen.

Aber auch hier ist zu bedenken: Alle Notenbanken rund um die Welt machen das Gleiche, es ist hanebüchen, ausgerechnet der EZB vorzuwerfen, dass sie ihr Mandat überschritte. Sie passt sich internationalen Trends an! Täte sie das nicht, hätten wir erhebliche negative Konsequenzen zu tragen (diese genau auszuführen, würde ein weiteres ganzes Buch füllen).

Eine generelle Vertrauenskrise ist vor dem Hintergrund sehr unwahrscheinlich, dass westliche Notenbanken zu allem wild entschlossen sind und sich auch global abstimmen. Die zunehmende personelle Identität von Notenbank- und Staatsführung setzt dem noch die Wahrscheinlichkeitskrone auf. Und wir genießen den

Vorteil, über große, relativ geschlossene Volkswirtschaften zu verfügen. Dies zu sichern, darum geht es in Zukunft.

Meine Grunderwartung für die Zinsentwicklung der 2020er-Jahre

Die Zinsen bleiben tief und werden von den Notenbanken mindestens über die kommenden zehn Jahre tief gehalten. Kommt es nicht zu einem Krieg, der Kapitalknappheit hervorruft, ist eine generelle Zinssteigerung, bei heute gegebenen Voraussetzungen, fast unmöglich. Hohe nachhaltige Inflation ist in einem Umfeld von Überalterung, Digitalisierung und Überangebot nicht denkbar (vgl. auch *Nie wieder Zinsen*, 2017). Leichte Schwankungen wird es jedoch geben! Auf Rohstoffpreisverknappung folgt aber auch wieder eine Phase steigenden Rohstoffangebotes, bis die Preise dann wieder sinken.

Globalisierte, hoch korrelierte Aktienmärkte

Die wichtigsten Börsenplätze entwickelten sich in den letzten 22 Jahren in starker Korrelation. Erst seit der Finanzkrise ist es zu einer – teilweise nur scheinbar – unterschiedlichen Entwicklung gekommen. In der folgenden Grafik zeige ich die Entwicklung des Dow Jones, des DAX und des japanischen Nikkei auf. Bis zur Finanzkrise verliefen die Kurven ähnlich. Danach ist immer noch erkennbar, dass die generellen Trends zur selben Zeit gleich verliefen. Nur beim Ausmaß des Anstiegs der Indizes kam es zu (erheblichen) Unterschieden.

Die USA profitierten in den letzten zwölf Jahren von zwei Entwicklungen

Der Anstieg der Aktienkurse in den USA beruht im Wesentlichen auf den immensen Geldspritzen der US-Notenbank und auf der Steuerreform Donald Trumps, die 2017 angekündigt und 2018 umgesetzt wurde. Dass der Nikkei-Index deutlich hinter der Entwicklung von DAX und Dow Jones zurückgeblieben sind, liegt an diesem Umstand. Der DAX fällt als Performanceindex aus dem

Rahmen, weil er im Unterschied zu den anderen Börsenindizes Dividendenzahlungen thesauriert. Dividendenzahlungen führen bei den ansonsten gebräuchlichen Indizes (Kursindizes) zu einem schwächeren Kursverlauf als beim DAX, bei dem die Dividendenzahlungen zur Kursperformance addiert werden. Was man bei der unterschiedlichen Wertentwicklung keinesfalls übersehen kann, ist die Tatsache, dass die grundsätzlichen zyklischen Entwicklungen zur selben Zeit an allen Börsenplätzen gleichzeitig stattgefunden haben.

Auch die Börsenentwicklung verlief weitgehend korreliert: Dies galt zumindest für die vergangenen 20 Jahre. Es gab Unterschiede bei den einzelnen Märkten, diese waren in den letzten Jahren durch Steueränderungen in den USA zu erklären. In Euro gerechnet ergeben sich geringere Wertunterschiede. Seit dem Jahresbeginn 2000 hat der US-Dollar rund 20 Prozent abgewertet. (Quelle: www.sungard.com)

Ursache für Börsen-schwankungen

Wann immer die Börsen in der Vergangenheit unter Druck kamen, ging dem eine Verknappung der Liquidität voraus. Diese Verknappung erfolgte entweder klassisch durch Zinserhöhungen oder durch Rückbildung der Bilanzsumme (US-Notenbank: 2018 bis 2019). Dieses sogenannte Tapering führte Ende 2018 zu einem eindrücklichen Einbruch an den Börsen. Im September 2019 ergab sich durch das Tapering ein Problem im amerikanischen Repomarkt, welches zuvor zuletzt in der Finanzkrise aufgetreten war (die Banken misstrauten einander wieder einmal, und die Zinsen im Repomarkt explodierten). Die amerikanische Notenbank beantwortete dieses Problem damit, dass sie – wieder einmal – Geld druckte. Das Tapering wurde beendet, und die Bilanzsumme wurde bis Februar 2020 um sagenhafte 700 Mrd. US-Dollar erhöht. Wäre die Corona-Krise nicht gekommen, würden heute alle darüber rätseln, wie gefährdet der amerikanische Bankenmarkt sein könnte. Durch die coronabedingte Liquiditätsflut wurde das Problem Repomarkt jedenfalls gleich mit abgedeckt. Im Januar 2021 meldete die Fed, dass sie ihre Aktivitäten im Repomarkt einstellen werde.

Zinserhöhungen bringen die Börsen unter Druck

Je tiefer die Zinsen sanken, desto weniger wirkten die Zinssenkungen im Markt als Konjunkturbeschleuniger. Folglich haben die Notenbanken die Liquidität zunehmend durch Quantitative-Easing-Maßnahmen beeinflusst. Die Folge der Liquidierung des Systems war und ist die Eutrophierung (=Überdüngung) aller Asset-Preise. Ob es Anleihen, Aktien, Immobilien, Uhren oder Oldtimer sind, alle werthaltigen Investitionsgüter haben – historisch gesehen – abenteuerliche Preisniveaus erreicht.

Als Folge immer stärkerer Geldproduktion wird höhere Volatilität folgen

Es ist auf Dauer nicht möglich, immer mehr Geld zu produzieren, ohne unbeabsichtigte, unvermeidbare Folgen zu erfahren. Notenbanken können Geld drucken, dessen Flussbewegung aber nur begrenzt steuern – das schrieb ich schon im Kapitel 1. Die Notenbanken liquidieren unser System.

Weil Zinsschwankungen aufgrund der sehr hohen Schuldenniveaus brandgefährlich sind, werden sie durch Notenbankeingriffe (Quantitative Easing, Yield Curve Control) auf ein Minimum reduziert. Was Notenbanken aber nicht direkt beeinflussen können, sind die Preise von Rohstoffen, Dienstleistungen und Aktien.

Ich gehe davon aus, dass es in Zukunft noch klarer wird, dass die Inflation, und nicht etwa die Höhe der Zinsen, die Wechselkurse, aber auch die Anlagepräferenzen von Anlegern steuert. Es mag attraktiv sein, amerikanische Wertpapiere zu halten. Wie historisch belegt und rational einleuchtend, wird die Inflation in den USA aufgrund steigender Rohstoffpreise höher ausfallen als in anderen Regionen der Welt. Damit wird der US-Dollar weiterhin längerfristig schwächer werden – insbesondere dann, wenn die Zinsen in den USA, wie schon vielfach von der Fed betont, tief gehalten werden. Die Fed hält die Zinsen tief, um den Post-Corona-Aufschwung nicht zu gefährden, und damit die Schuldenbonanza aber ungebremst weitergehen kann. Die Auseinandersetzung mit China ist ein kriegsähnlicher Konflikt und wird, wie in der Zeit von 1930 bis 1957, für sehr lange Zeit sehr tiefe Zinsen erzwingen. (vgl. Grafik *US-Anleihenzinsen 1920 bis 2020*).

Die Zinsen in den USA werden durch höhere Inflationsraten etwas stärker schwanken als in Europa oder Japan. Notenbankeingriffe in allen drei Wirtschaftsblöcken werden aber dafür sorgen, dass die Zinsen insgesamt nicht allzu stark steigen können. Skaleneffekte und leichte Zinsunterschiede wird es aber geben.

In China rechne ich bis auf Weiteres mit einer Fortsetzung der konservativen Geldpolitik, die sich die Volksrepublik auf Basis des starken Wirtschaftswachstums und dementsprechend attraktiver Realrenditen auch leisten kann. Solange das Wirtschaftswachstum in China die Realrenditen übertrifft, ist der hohe Schuldenstand in der Industrie für China vertretbar (vor allem, weil die hohe Verschuldung vor allem staatsnahe Betriebe betrifft und sehr viel weniger den privaten Sektor). Die Zinsen in China werden noch einige Zeit höher bleiben als im Westen, der sich mit tiefen Zinsen und den größten Kapitalmärkten der Welt aus der Krise lavieren will.

Diesen kurzen Exkurs über die Börsenentwicklung setze ich mit den Überlegungen zur Entwicklung im Buch in Kapitel 9 intensiv fort.

6. Folgen für die Währungsentwicklung

Gewinner und Verlierer der 2020er-Jahre

Wir stehen vor einer Zeitenwende, was die Attraktivität von Wertpapieren betrifft. Der geopolitische Konflikt und die erhöhte Nachfrage in der Post-Corona-Zeit lassen starken Nachholbedarf und damit einen Schub beim Konsum erwarten. In diesem Kapitel konzentriere ich mich auf die Hauptwährungen, auf die von mir erwartete Entwicklung der Emerging-Markets-Währungen gehe ich dann in Kapitel 7 ein.

Der US-Dollar steht vor einem langfristigen Abwärtstrend

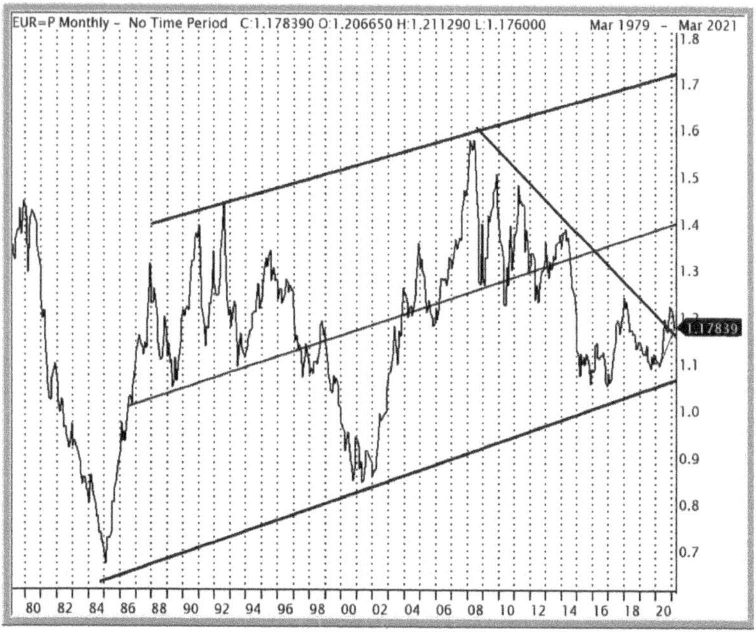

Entwicklung EUR/USD von 1978 bis heute: Die Entwicklung des US-Dollars verläuft in langfristigen Zyklen, die dem Börsen-/Rohstoffzyklus folgen, wobei die Anlegerappetenz zwischen einseitigem Engangement in US-Werten und ausgeglichener Investition in Rohstoffwerten und Old-Economy-Werten schwankte. Der Euro wird zumindest bis Mitte des Jahrzehnts auf 1,40 EUR/USD steigen, vermutlich aber darüber hinaus. (Quelle: www.sungard.com)

Ich bin, wie gesagt, durchaus kein glühender Fan der Europäischen Union und erst recht nicht des Euros. Trotzdem ist es besser so, als darauf zu verzichten. Für Südeuropa brachte die Gemeinschaftswährung durch tiefe Zinsen erhebliche Wohlstandsfortschritte, wenn diese auch seit der Finanzkrise ausblieben. Für Deutschland und Österreich brachte er eine vergleichsweise einfache Exportmöglichkeit. Die D-Mark und der Schilling wären heute ohne Euro vermutlich ähnlich hoch bewertet wie der

Schweizer Franken. Dies wäre jedoch mit größeren Problemen verbunden, denn die Produktion könnte aus Deutschland und Österreich nicht so einfach ins Ausland verlagert werden, wie jene der Schweizer Unternehmen.

Die US-Schwäche wird zum globalen Phänomen werden

USD-Index 1970 bis heute: Der US-Dollar wertete gegenüber dem EUR, JPY, CHF, AUD, CAD und GBP langfristig ab. Wie gegenüber dem Euro zeigt der US-Dollar zyklische Stärke- und Schwächephasen. Wir stehen am Beginn einer neuerlichen Schwächephase. (Quelle: www.tradingeconomics.com).

Der Australische Dollar (AUD) und der Kanadische Dollar (CAD) haben als Rohstoffwährungen Vorteile bei steigenden Rohstoffpreisen. Zwar verfügen die Schweiz, Europa und Großbritannien über viele verarbeitende Unternehmen, aber auch Rohstoffkonzerne, und damit viele kanadische und australische Unternehmen, profitieren bei breiterem globalem Aufschwung von Kapitalzuflüssen. Für den USD-Index erwarte ich als Kursziel in den kommenden fünf Jahren etwa 70, was einem Wertverlust von rund 30 Prozent gleichkommt. Ein fallender US-Dollar ist die Konsequenz massiver Verschuldung, welche die USA zum Erhalt ihrer Vormachtstellung eingehen muss und zusätzlich einer deutlich höheren Inflation, die sich daraus und aus nachhaltig steigenden Rohstoffpreisen und deren Verknappung ergeben wird.

Ein fallender US-Dollar erschwert es anderen Ländern, Güter in die USA zu exportieren und mit amerikanischen Unternehmen im Wettbewerb zu bestehen. Andererseits bedeutet es für diese Länder, weniger Inflation zu erleiden und dadurch Nachteile teilweise kompensieren zu können. Wie die Grafiken auf Seite 56 und 57 zeigen, sind die Schwankungen des US-Dollars nach oben und nach unten um den Mittelwert deutlich größer als die Entwicklung des Mittelwertes. Es kommt zu Übertreibungen, die langfristig ausgeglichen werden. Während es bei Kursen von 1,60 EUR/USD üblich war, dass vermeintliche Experten auftraten, die von Dollar-Kursen von 2:1 schwadronierten, sind es heute ebenfalls solche »Experten« die eine ewige Dollar-Stärke versprechen. Ich hielt die Schwächeprognose 2008 für Unfug, wie ich auch jetzt eine nachhaltige Stärke des US-Dollar ausschließe.

Welche Währungen werden in den kommenden fünf Jahren am stärksten sein?

Anlageentscheidungen sollte man nie treffen, ohne die Währungskomponente zu beachten und aktiv zu berücksichtigen. Es ist nämlich ein riesiger Unterschied, ob man Wertpapiere in Originalwährung kauft und bilanziert oder ob man US-Wertpapiere als jemand betrachtet, der seine Bilanz in Euro aufstellt. Ich habe mit meinen Mitarbeitern mehrere Börsenindizes verglichen und bin bei einem 20-jährigen Horizont auf bemerkenswerte Ergebnisse gekommen.

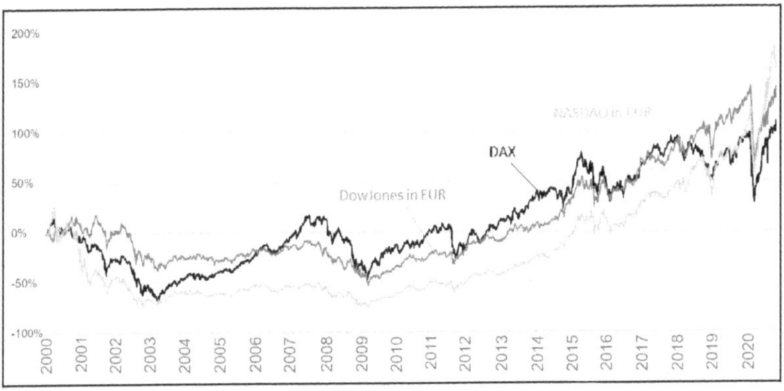

DAX, Dow Jones und NASDAQ: 20 Jahre Aktienkursentwicklung für einen Euro-Investor. Die augenfälligste Entwicklung ist zwischen 2002 und 2008 zu beobachten. Der DAX stieg stark an, während der Dow Jones und der Nasdaq in Euro umgerechnet stagnierten. Mit der Finanzkrise verlief der Absturz der amerikanischen Börsen milder, weil der Euro an Wert verlor; es dauerte aber bis 2018, bis der Dow Jones mit dem DAX wieder gleichzog. Der Nasdaq überholte den DAX erst 2020. Es ist auch langfristig wichtig, wie sich der Währungskurs auf eine Aktienanlage auswirkt. Wer denkt, Währungsentwicklungen wären bei langfristiger Kapitalanlage unwichtig, irrt gewaltig: Vergleichen Sie die Grafiken im Anhang an Kapitel 11! (Quelle: www.thetreasuryscout.com)

In einem Wettbewerb der Großmächte sind Rohstoffwährungen ausgesprochen interessant – und ebenso die Währungen in den Herkunftsländern von Anbietern besonders hochwertiger Wirtschaftsgüter. Die attraktivsten Währungen der kommenden Jahre im Verhältnis zum US-Dollar werden der Australische Dollar, der Russische Rubel, vermutlich (mit Einschränkungen) aber auch der Brasilianische Real, der Yen, der Won, der Euro sowie das Pfund sein.

Es ist nachvollziehbar, dass Rohstoffwährungen in Zeiten, in denen Rohstoffe billig sind, nicht sehr attraktiv sind. Die Preise für Rubel, Real und Australischen Dollar sind daher in den vergangenen zehn Jahren deutlich unter Druck gewesen.

Normalerweise verschlechtern sich die Verschuldungslage und die Zahlungsbilanz für Rohstoffwährungen, wie auch die Handels- und Leistungsbilanz, wenn die Rohstoffpreise und damit verbunden auch der Außenwert der Währung sinken. Für Russland und Australien ist das zuletzt nicht der Fall gewesen. Russland ist de facto schuldenfrei und verfügt über mehr Gold- und Währungsreserven, als es Staatsschulden hat. Außerdem besitzt das Land einen Staatsfonds, der fast 10 Prozent des russischen Bruttoinlandsprodukts Volumen hat. Die Staatsschulden liegen mit knapp 14 Prozent des Bruttoinlandsproduktes niedrig (verglichen mit 140 Prozent der USA). Steigende Energie- und Rohstoffpreise spülen hohe Überschüsse und Devisenreserven ins Land. Damit baut sich bei nachhaltig steigenden Rohstoffpreisen ein immer größerer Überschuss auf. Russland kann zudem in den kommenden Jahren aufgrund des Konkurrenzkampfes zwischen den USA und China zum Hauptgewinner werden, was sich auch in der Währungskursentwicklung niederschlagen wird. Der Rubel ist mit der Corona-Krise sehr schwach geworden. Der Rubel bietet heute aufgrund der besonders ausgeprägten Schwäche der Währung eine relativ hohe Inflationsrate, dafür aber auch, sehr konservativ ausgerichtet, hohe Zinsen und somit einen fast neutralen Realzins.

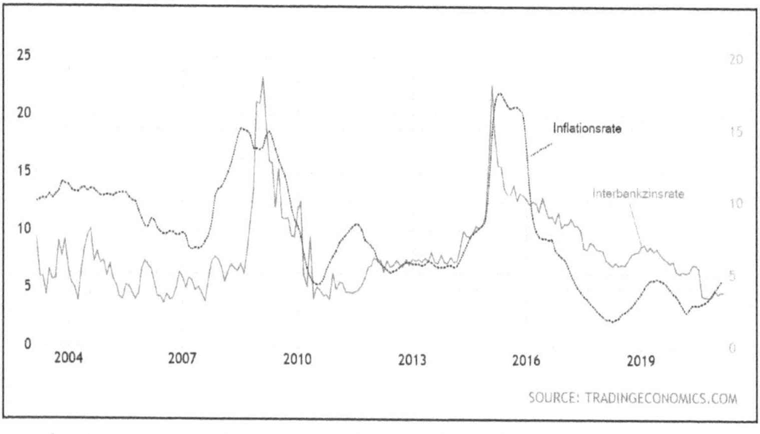

Russland – Interbankzinsen und Inflation: Die russische Nationalbank hat die Zinsen regelmäßig nahe der Inflationsrate gehalten. Nach der Finanzkrise hat sie darauf geachtet, dass die Zinsen tendenziell über der Inflationsrate lagen. Dies hat das russische Wirtschaftswachstum gebremst, aber auch dafür gesorgt, dass russische Unternehmen heute recht solide aufgestellt sind. (Quelle: www.tradingeconomics.com)

Australien wiederum ist das einzige angelsächsische Land, das eine niedrige Verschuldung aufweist, Handels- und Leistungsbilanzüberschüsse erzielt. Australien ist zudem eines der wenigen Länder auf der Welt, wo große Rohstoffvorkommen mit hoher Rechtssicherheit kombiniert sind.

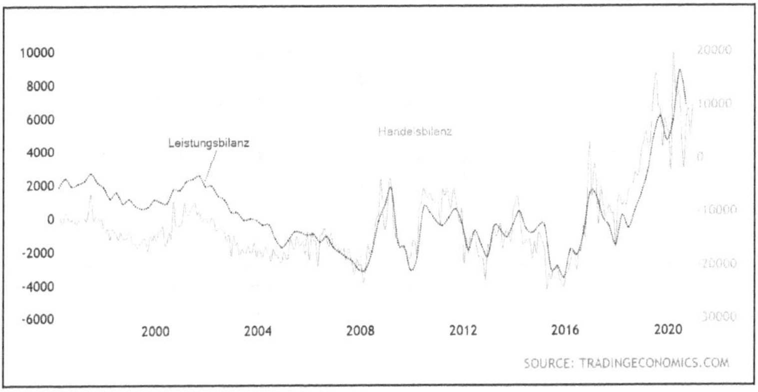

Australien – Handelsbilanz und Leistungsbilanz: Seit 2016 hat Australiens Wirtschaft einen weithin unbemerkten Aufschwung erfahren, der für beide Bilanzen Überschüsse brachte. Das ist wichtig, weil der »Aussie«, langfristig betrachtet, unter den Defiziten dieser Handelsbilanzen litt. Mit der von mir erwarteten Steigerung der Rohstoffpreise ist ein weiterer Anstieg der Überschüsse sehr wahrscheinlich, was der Währung als stabile Basis dienen sollte. (Quelle: www.tradingeconomics.com)

Nicht so eindeutig ist die Entwicklung für den brasilianischen Real. Brasilien verfügt über erhebliche Ressourcen in der Landwirtschaft, über Basismetalle sowie eigene Ölvorkommen. Brasilien hat aber auch ein äußerst unsolides politisches Fundament. Sollte sich dieses Fundament mit besserer wirtschaftlicher Entwicklung ändern und stabilisieren lassen, hat die Währung in diesem Jahrzehnt eine vermutlich fulminante Entwicklung vor sich. Brasilien könnte dann zu einem Hauptgewinner des geopolitischen Streits der USA mit China werden. Aktuell kann ich allerdings keinen Ansatz für eine derart positive Entwicklung erkennen.

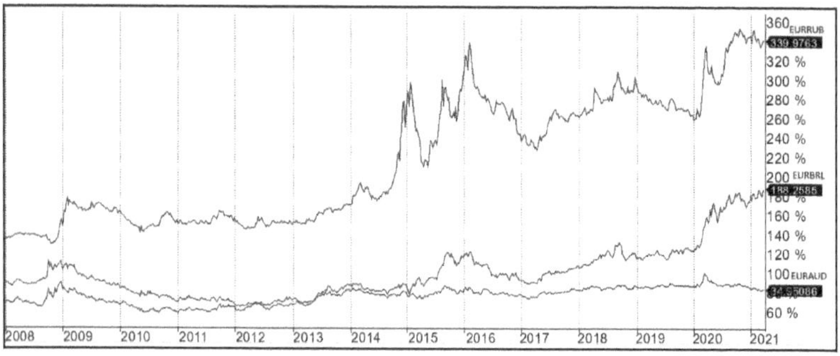

Australischer Dollar – Rubel und Brasilien Real: Der »Aussie« hat im Vergleich zum Euro durchaus starke Schwankungen gezeigt, im Verhältnis zu den beiden klassischen Emerging-Markets-Währungen aber eine deutlich ruhigere Entwicklung vollzogen. Die Fundamentaldaten Russlands und Brasiliens könnten unterschiedlicher nicht sein. Der Rubel ist jedenfalls im Vergleich zum Real zu billig, aber auch zum Euro und insbesondere zum US-Dollar besteht erhebliches Aufwertungspotenzial. (Quelle: www.sungard.com).

Pfund und Australischer Dollar zeigten in der Vergangenheit Ähnlichkeiten im Vergleich zum US-Dollar.

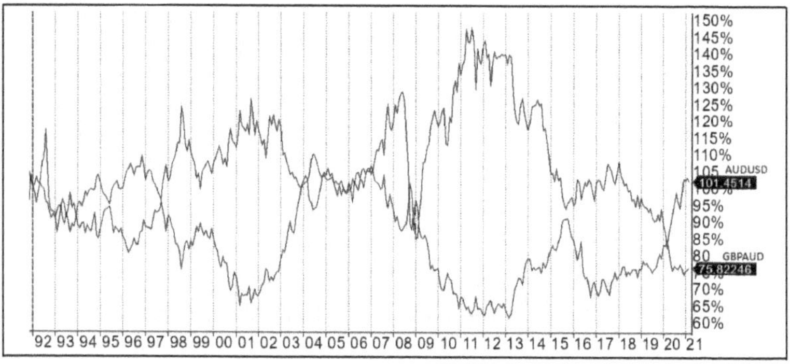

Australischer Dollar versus US-Dollar und Pfund versus Austral-Dollar: Nach der Finanzkrise kam es durch die rege Nachfrage nach Rohstoffen durch China zu einer deutlichen Aufwertung des »Aussie«. Die Grundrichtung der Schwankungen war jener des Pfunds aber sehr ähnlich. Der »Aussie« verlor mit dem Rohstoffpreisknick ab 2013 an Wert. Nun dreht sich das Blatt wieder. (Quelle: www.sungard.com)

7. Folgen für die Emerging Markets

Börsenschwankungen der Zukunft – Reduktion von Liquiditätsinjektionen

Obwohl ich einen nachhaltigen globalen Zinsanstieg in den kommenden zehn Jahren für ausgeschlossen halte, ist dennoch nicht zu erwarten, dass Börsenschwankungen ausbleiben werden. Im Gegenteil: Je mehr Liquidität ins System geführt wird, desto stärkere und schnellere Kursbewegungen sind an den Aktienmärkten zu erwarten.

Zinsanstiege haben als Auslöser für Risk-off-Phasen ausgedient

Der wahrscheinlichste Auslöser für stärkere Börsenrückgänge wird die Einschränkung der Neu-Geld-Schöpfung durch die Notenbanken sein. Es wird also genügen, wenn die Notenbanken anfangen, weniger Geld zu drucken, um binnen ein bis zwei Jahren einen Börsencrash herbeizuführen.

Schon in den vergangenen zwölf Jahren sind die Firmengewinne in den USA kaum mehr gestiegen. Die Börsenkurse stiegen, weil sich die Unternehmen verschuldeten, um eigene Aktien zurückzukaufen und damit den Gewinn je Aktie zu steigern. Höhere Schulden erhöhten also den Wert der Unternehmen! Die Fähigkeit dazu ist unter dem Eindruck von Corona reduziert und wird durch frisches Notenbankgeld aufrechterhalten. **Kommt zu wenig oder kein**

frisches Notenbankgeld mehr dazu, geraten die Börsen künftig unter Druck. Scharfe Börseneinbrüche forderten die Notenbanken in der Vergangenheit heraus. Insbesondere in den angelsächsischen Ländern ist die Auswirkung der Aktienkurse auf das Zinsniveau, für die Kreditvergabewilligkeit der Banken und den Konsum wichtig. 1987 hat der damals neue Notenbankpräsident Alan Greenspan erstmals den später sogenannten »Greenspan Put« eingesetzt: Wegen der stark fallenden Kurse am amerikanischen Aktienmarkt wurde damals mit Zinssenkungen für frische Liquidität gesorgt. Seitdem mussten sich Anleger nicht mehr ernsthaft darum sorgen, dass sie mit ihrem Risiko allein bleiben würden. Die Notenbank sprang in der Folge bei jeder Krise ein. Über die Korrelation der Zinsen sind alle Notenbanken dem Beispiel der USA gefolgt, sodass es zu einer global gleichlaufenden Reaktion kam.

Auffällig ist, dass Börsenkrisen regelmäßig auch der Ausgangspunkt für Währungskrisen in Schwellenländern waren.

Börsenkrisen und die Korrelation zu Schwellenlandwährungen

Wenn eine Börsenkrise eintritt, macht sich bei Investoren Angst breit. Angst führt dazu, dass auf breiter Front Geldanlagen aufgelöst werden. Dies bezeichnet man im Fachjargon als »Risk-off«. Tritt ein Risiko ein, ziehen sich Investoren aus Risikoanlagen zurück. Professionelle Investoren betrachten ihre Investitionen genau und bilden Risiko-Cluster, in denen sie für ihre eigene Risikosteuerung klar zwischen Risikoanlagen und risikoaversen Anlagen differenzieren. Dabei hat sich in der Vergangenheit gezeigt, dass Börsenkrisen für die Entwicklung von Schwellenlandwährungen regelmäßig schädlich waren. Risk-off-Maßnahmen der Investoren an den Börsen umfassten dann auch Emerging-Markets-Währungen. Der Zusammenhang zwischen einem Einbruch der Aktienkurse und einem Einbruch der Schwellenländerwährungen ist in der nachfolgenden Grafik dargestellt. Beachtlich ist dabei, dass die Auswirkung von Börseneinbrüchen im Westen durch Zinssenkungen und Liquiditätsinjektionen regelmäßig erheblich gemildert werden konnte, bei Schwellenländerwährungen jedoch trugen diese nicht zu einer nachhaltigen Stabilisierung bei. Nur in Phasen extremer Preisanstiege bei Rohstoffen konnten sich Schwellenländerwährungen stabilisieren. Abseits von Rohstoffpreishaussen waren diese Währungen dauerhaft unter Druck, und besonders stark war dieser Druck, wenn es zu Börsenkrisen kam.

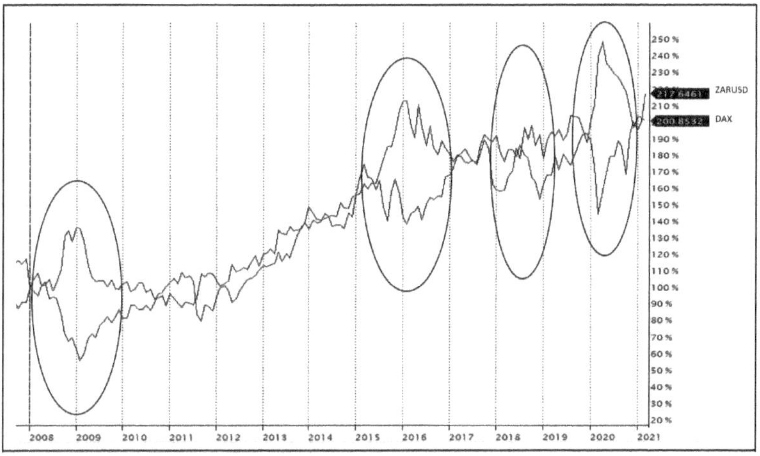

Risk-off anschaulich – USD/ZAR im Vergleich zum DAX: Wann immer der DAX fiel, stieg der US-Dollar dynamisch an. Der Südafrikanische Rand (ZAR) ist dabei gegenüber dem US-Dollar eine nachhaltig schwache Währung geblieben – die Ursache ist klar: Die Inflation in Südafrika war höher als in den USA. (Quelle: www.sungard.com)

Gegenüber dem US-Dollar waren Emerging-Markets-Währungen 2002 bis 2012 fast wertstabil: Während Rohstoffhaussen sind Emerging-Markets-Währungen proportional stark, der US-Dollar schwach. (Quelle: www.sungard.com)

Es ist gut sichtbar, dass Emerging-Markets-Währungen nicht ganz gleichartige Entwicklungen durchmachen. In ausgeprägten Risk-off-Perioden zeigen sie aber **das gleiche Reaktionsmuster.** Nach einer Übertreibung kommt es zu ausgeprägten Abwertungen aller Währungen und zu deutlichen Korrekturbewegungen, bevor es wieder im Trend weitergeht. In Rohstoffhaussen werden die Emerging-Markets-Währungen für mehrere Jahre stark gegenüber dem US-Dollar oder bleiben zumindest wertstabil. Das hat einen wesentlichen Vorteil für geduldige Anleger: Die Zinsen in Emerging-Markets-Währungen sind deutlich höher als in den USA oder Europa.

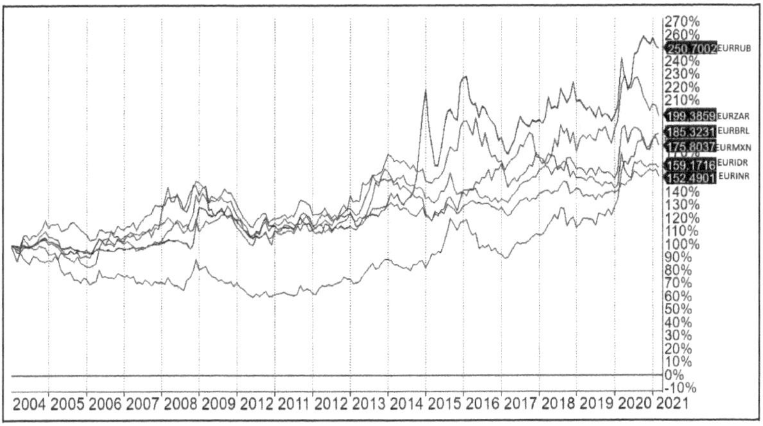

Gegenüber dem Euro waren EM-Währungen durchgehend schwach – auch während Rohstoffhaussen: Der Grund dafür liegt darin, dass Emerging-Markets-Währungen mit dem US-Dollar stärker korrelieren als mit dem Euro. Nur der brasilianische Real konnte in ausgeprägten Rohstoffhaussen stark bleiben. (Quelle: www.sungard.com).

Die globale Wirtschaft ist dabei, sich zu erholen. Es wird noch einige Jahre dauern, bis das Niveau von Ende 2019 wieder erreicht ist. In dieser Zeit ist eine starke Hausse der Rohstoffpreise möglich, wenn auch nicht gesichert zu erwarten. Das Inflationspotenzial im Westen bleibt beschränkt. Rohstoffproduzierende Schwellenländer haben es noch nicht bald leichter.

Schwellenländer stehen vor schweren Zeiten

Ich muss zugeben: Der Ausblick für viele EmergingMarkets ist nicht sehr vielversprechend. Ein radikaler Absturz ist dennoch nur bei wenigen Ländern zu erwarten. Ich rechne damit, dass das neue Risk-off nicht durch Zinsanhebungen im Westen entsteht, sondern durch das Öffnen und Schließen der Notenbankschleusen. Dem können Emerging Markets nichts entgegenhalten, weil ihre Notenbanken nicht dasselbe tun können wie die Fed oder die EZB. Für ausgewiesene Rohstoffländer wie Brasilien, die darüber hinaus noch über eine diversifizierte Wirtschaft und einen etablierten Finanzsektor verfügen, bin ich vorsichtig optimistisch.

In Ländern wie Südafrika lassen bestimmte Gegebenheiten aber keine andere Folge zu als eine negative Entwicklung. Eine solche besteht in den betreffenden Ländern schon lange, verstärkt sich und wird zu einem Kulminationspunkt kommen, der zusätzliche Probleme schafft, und vielleicht auch ganz neue Probleme bewirkt.

Warum eine neuerliche Emerging-Markets-Währungskrise fast unvermeidlich ist

Weltweit führte die Corona-Pandemie zu einem starken Anstieg der Staatsverschuldung. Wenn schon die USA und Europa um ihre eigene Existenz bangen, ist davon auszugehen, dass sie keine (ausreichenden) Mittel aufbringen (wollen), um auch noch die Probleme in den Schwellenländern zu bekämpfen. Schwellenländer sind aufgrund der schwachen Rohstoffpreise schon seit vielen Jahren unter Druck.

Das führt in diesen Ländern zu schwierigen politischen Verhältnissen, einer Verarmung der Menschen, stark erhöhter Staatsverschuldung und zu sukzessive schwieriger werdenden Finanzierungsbedingungen – mit der Folge steigender Zinsen und abwertender Währungskurse.

Im Jahr 2020 kam es zu einer höchst 2020 sanken die Zinsen in Emerging Markets – Reflationierung erhöht dort Inflation und Zinsen noch stärker

Bei vergangenen Währungskrisen kam es regelmäßig zu deutlichen Zinsanstiegen in den Schwellenländern. 2020 ist die erste Währungskrise eingetreten, nach der die Zinsen in den Schwellenländern stark gesunken sind.

Dies liegt daran, dass auch in diesen Ländern durch den Lockdown ein Rückgang beim Konsum eintrat und dementsprechend auch die Preise nicht stiegen. Diese Entwicklung kann aber nicht nachhaltig erhalten bleiben. Durch die Pandemie änderte sich auch das Konsumverhalten in Schwellenländern. Das Ausbleiben der

Touristen und die steigende Arbeitslosigkeit sorgten für nachlassenden Preisdruck und sinkende Energiekosten.

Die Folgen der Pandemie sind in Brasilien und in Indien deutlich stärker zu spüren. Ein langfristiger Lockdown kommt in diesen Ländern noch weniger infrage als bei uns. Dazu ist die Substanz bei Privatleuten, bei Unternehmen aber auch bei den Staaten zu gering.

Die Schwellenländer haben im Rahmen ihrer Möglichkeiten alles unternommen, um der Pandemiefolgen Herr zu werden. Dazu gehörte auch die Ausdehnung der Staatsverschuldung, bei einigen Nationen auch die Ausdehnung der Notenbank-Bilanzsumme und die Senkung der Zinsen.

Aber auch in den Schwellenländern beginnt sich der Alltag im Frühjahr 2021 wieder zu normalisieren, die Menschen beginnen wieder zu konsumieren. Sie müssen aber feststellen, dass viele Produkte als Folge der Abwertung der eigenen Währung teurer geworden sind. Das wird auch einen heilsamen Effekt mit sich bringen; die Nachfrage nach ausländischen Gütern wird nachlassen. Die teilweise belasteten Defizite der Handels- und Leistungsbilanz werden sich dadurch verbessern, deutlich wird dieser Effekt aber erst dann zutage treten, wenn die Rohstoffpreiserlöse steigen.

Im Windschatten der Verteuerung von ausländischen Produkten werden auch inländische Produzenten ihre Preise anheben – weil es möglich ist, dass sie Marktanteilsgewinne erzielen (durch die schwächere Emerging-Markets-Währung werden ausländische Produkte automatisch teurer) und dennoch ihre Marge erhöhen können. Damit ist zu erwarten, dass das allgemeine Preisniveau in den Schwellenländern steigen wird. Das wird die Zinsen verteuern und die Währungen nochmals schwächen. Wie das funktioniert sieht man seit Juli 2020 in der Türkei, wo die Zinsen von 7,5 Prozent auf zuletzt 20 Prozent gestiegen sind!

Kommen mehrere Schwellenländer unter Druck, wird der ganze Sektor erfasst

Ich habe oben ausgeführt, dass es bei den Marktteilnehmern eine ausgeprägte Risk-off-Mentalität gibt. Gibt es in einem Risikobereich Probleme, führt das zu einer Skepsis auch in angrenzenden

Risikobereichen. Findet sich dann in mehr als einem Risikobereich ein Problem, entstand in der Vergangenheit immer ein breiter Verkaufsdruck im gesamten Risiko-Sektor. Die Staaten, welche ich als besonders gefährdet betrachte, befinden sich in Lateinamerika und Afrika. Ecuador, Bolivien, Brasilien, Argentinien stehen dabei in Lateinamerika für mich an erster Stelle der Sorgenkandidaten. In Afrika sind es insbesondere die größten Volkswirtschaften Südafrika und Nigeria, die Probleme haben. All diesen Ländern ist gemein, dass sie eine problematische politische Lage aufweisen, dass die Korruption immer stärker wird und dass diese Länder von Tourismus und nur partiell von Rohstoffen leben. Die Verschuldung dieser Länder ist bereits in den vergangenen Jahren deutlich gestiegen, weil der Staat fehlende private Nachfrage durch Verschuldung ersetzt hat. Die Corona-Krise hat diesen Trend verstärkt, Schulden aufzunehmen, um finanzielle Unterstützung zu bieten.

Steigende Inflationsraten werden zu fortgesetzt schwacher Währungsperformance führen

Neuverschuldung war 2020 auch für Emerging-Markets-Länder leicht möglich. Auch wenn es anders aussieht – die Notenbanken drucken ja scheinbar folgenlos unendlich viel Geld – wird dies nicht so einfach bleiben. Das Kuriose an der Corona-Krise ist: Die Zinsen steigen nicht, sie sinken – und das global. Dies gilt sogar für Schwellenländer. Der Grund dafür ist so einfach wie gefährlich: Weil bei den westlichen entwickelten Ländern die Zinsen deutlich unter die Inflationsrate gesunken sind und somit negative Realrenditen bieten, haben Fondsmanager in ihrer Not Anleihen von Ländern gekauft, deren Inflationsraten unter den bestehenden Marktzinsen lagen. Sie haben damit einen Zinsrutsch ausgelöst. Die Kreditvergabestandards sind durch die endlose Liquiditätsflutung der westlichen Notenbanken extrem locker geworden. Das ist ein Idealzustand auch für Emerging-Markets-Länder in der Krise.

Die westlichen Notenbanken und hier allen voran die amerikanische Notenbank Fed haben sehr viel Liquidität zur Verfügung gestellt, indem sie Banken und Unternehmen Anleihen abgekauft haben. Wie Banken diese Liquidität in der Folge verwenden, entzieht sich weitgehend der Kontrolle der Notenbanken. Dass die Banken ihre Kreditvergabepraxis nicht zu stark verändern, nehmen sie hin, weil es ihnen wichtig ist, die Banken bei Laune zu halten. In Zeiten der Krise neigen Banken zur Einschränkung der Neukreditvergabe, ein Verhaltensmuster, das die Notenbanken mit ihrer Liquiditätsflutung vermeiden wollten.

Es ist seit Anbeginn des Geldgeschäftes so, dass Geldgeber ihre Verleihbereitschaft an die Umstände anpassen. Je schwieriger die Lage wird, desto weniger sind Geldgeber bereit, Gelder zu verleihen. Zumindest heben sie die Zinsen deutlich an.

Emerging Markets benötigen die Bereitschaft westlicher Geldgeber und Banken, um ihre Verschuldung zu managen. Heben die Banken im Westen die Kreditvergabestandards an, um ihre eigene Bilanz zu schützen, wird es dementsprechend eng für Emerging-Markets-Länder.

Die Inflationsraten sind in Südafrika und Brasilien zunächst tiefer gerutscht. Das hat die Zinsen in diesen Ländern auf ein Niveau geführt, welches weder das Risiko angemessen bepreist, das in diesen Ländern steckt, noch auf die Auswirkungen der Währungsabstürze Rücksicht nimmt, welche die Inflation, wie oben ausgeführt, wieder nach oben treiben werden.

Das Kapital westlicher Fondsgesellschaften ist flüchtig. Westliche Banken, deren Kreditbücher durch Unternehmenskredite belastet sind, werden sich beim kleinsten Anzeichen von Liquiditätseinschränkungen durch die westlichen Notenbanken dabei zurückhalten, Kredite an Schwellenländer und deren Unternehmen zu vergeben. Die Banken in den USA und Europa passen in Krisen ihre Kreditvergabepraxis an und legen schärfere Bonitätskriterien fest. Risk-off wird in Zukunft vermutlich eher von Kreditvergaberichtlinien geprägt sein als von Zinserhöhungen durch die Fed.

Setzt sich die Abwertung bei Schwellenländerwährungen fort, kann es ein Wettlauf werden

Wann immer Investoren kalte Füße bekommen, ziehen sie ihr Kapital ab. Es wird zu Beginn dieser Vorgänge nicht allein beim Abzug des Kapitals bleiben, das 2020 in die Schwellenländer geflossen ist. Auch weitere Mittel werden abgezogen werden. Dieses Kapital ist auf schnelle Gewinne aus, drohen Verluste, holen die Manager es sich im Handumdrehen wieder zurück.

Die Zinsen in den Schwellenländern können dann sehr schnell steigen, wie das in der Geschichte der Kapitalmärkte in Krisen immer wieder zu sehen war.

Währungen kommen insbesondere dann unter Druck, wenn sie durch Inflation entwertet werden. Inflation tritt ein, weil die Währungskurse sinken und die Preise für alles steigen, was nicht im eigenen Land produziert werden kann.

Kommt es zu einer Inflation durch die Wechselkursentwicklung von Schwellenländern, führt deren fortgesetzte Entwertung zu weiterer Steigerung der Inflation und der Verzinsung, bis ein – extremer – Gleichgewichtspreis gefunden sein wird, an dem sich die Verhältnisse dann wieder umkehren.

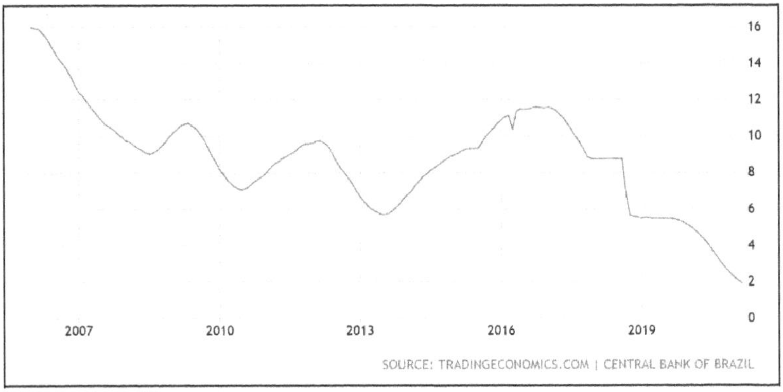

Interbankzinsen Brasilien – 1,77 Prozent: Vor Corona lag der durchschnittliche Zinssatz in Brasilien bei 10 Prozent. Die Währung ist 2020 gegenüber dem Euro um gut 40 Prozent gesunken, gegenüber dem US-Dollar waren es 25 Prozent. Mit der Erholung nach Corona erwarte ich stark steigende Inflationsraten und Zinsen. (Quelle: www.tradingeconomics.com)

Die Staatsverschuldung Brasiliens ist mit Jahresende 2020 auf 100 Prozent des BIP gestiegen und erreicht damit ein deutlich höheres Niveau, als dies in Schwellenländern üblich ist (30 bis 50 Prozent des

BIP). Brasilien hat den relativen Vorteil, in fast allen Bereichen Selbstversorger zu sein. Dennoch erlebt das Land bereits seit Jahren einen Wohlstandsverlust, auch der Mittelschicht, der nun durch die Pandemie beschleunigt wird. Ich gehe davon aus, dass dieser Umstand zu steigender Unzufriedenheit in der Bevölkerung führen wird. Wann genau eine kritische Masse an Investoren kalte Füße bekommen wird, ist nicht klar zu bestimmen. Dass dies ausbleibt, erwarte ich nicht.

Aus heutiger Sicht rechne ich damit, dass Brasilien bis zum ersten Halbjahr 2022 eine Krise erleben wird, weil die Inflation und in der Folge die Zinsen stark steigen. Es kann aber auch sehr viel schneller geschehen, wie das 2020 in der Türkei zu beobachten war. Die Türkische Lira ist 2020 um 32 Prozent im Wert gefallen. In der Türkei ist die Inflationsrate von 9 Prozent im Juli 2020 auf 15 Prozent im Frühjahr 2021 gestiegen. Die Zinsen hatten im Juli 2020 noch bei 7,5 Prozent gelegen und liegen im Frühjahr 2021 bei 19,5 Prozent, also um 12 Prozentpunkte höher – und ich gehe davon aus, dass dies noch nicht das Ende der Fahnenstange ist. Gemessen an den Problemen ist nicht auszuschließen, dass das Zinsniveau von Anfang 2019 (25 Prozent) wieder erreicht wird. Die Währungsentwicklung würde dadurch nochmals unter Druck geraten.

Interbankzinsen Türkei: Die erratische Politik Präsident Erdogans hat die gute Ausgangslage des Landes in den letzten Jahren zerstört. Ein Großteil der Devisenreserven, die das Land besaß, sind in den vergangenen beiden Jahren zur Stützung der Währung ausgegeben worden. Langjährig steigende Rohstoffpreise sind eine Belastung für die türkische Wirtschaft; das Land hat, wie Indien, selbst kaum Rohstoffe. (Quelle: www.tradingeconomics.com)

Das Beispiel Türkei zeigt, wie schnell Zinsänderungen eintreten können. Die Lira ist seit Ende Juni 2020 um weitere 25 Prozent gesunken, und nach wie vor ist kein Ende der Abwertung in Sicht.

Es ist sehr wahrscheinlich, dass es zu einer weiteren Abwertung und zu höheren Zinsen in den Schwellenländern kommen wird. Dabei ist noch zu berücksichtigen, dass die leicht steigenden Zinsen in den westlichen Staaten Druck auf das Zinsniveau in den Emerging-Markets-Währungen ausüben.

Aus unternehmerischer Sicht hat die Entwicklung in diesen Ländern nicht nur Nachteile für diese. Sinken die Lokalwährungen, steigen für viele Unternehmen die Gewinne aus den Erlösen im Ausland. Unternehmen in Schwellenländern haben ihre Kostenbasis in der Lokalwährung, verkaufen ihre Waren ins Ausland und erhalten dafür Devisen. Diese Einnahmen erhöhen sich im Gleichschritt mit der Abwertung der Lokalwährung. Damit steigt auch der Gewinn der Unternehmen in Lokalwährung. Dies senkt die Bewertung der betreffenden Unternehmen und führt in der Folge zu steigenden Aktienkursen. Diese Entwicklungen verlaufen nicht linear, sondern in (Sub-)Wellen. Je attraktiver die Bewertungen werden und je höher das Zinsniveau in diesen Ländern steigt, desto eher werden Investoren in diese Länder zurückkehren. Um diese Wertpapiere in Lokalwährung zu erwerben, müssen die Investoren auch wieder Devisen kaufen. Damit endet dann der Abwertungszyklus wieder. Je nach Rahmenumständen wird auch für die Devisenkurse eine Trendumkehr stattfinden, die die Kurse wieder ansteigen lässt.

Zusammenfassend: In den EmergingMarkets kann es zu erheblichen Zinsschwankungen kommen!

Welcher Verlauf ist in welchem Zeitrahmen zu erwarten?

Ich rechne damit, dass die Schwellenländer in den Jahren 2021/2022 nochmals unter Druck kommen werden, der teilweise bis 2023 anhalten wird. Dann sollten die kurzfristigen Zinsen in vielen Schwellenländern nahe 10 Prozent oder auch deutlich darüber liegen. Dieses Zinsniveau könnte nach erfolgter Währungsabwertung den Risikoappetit der Investoren neu anstacheln, die mangels positiver Zinsen in den entwickelten Ländern wieder zurückkehren werden. Ich unterscheide, wie oben angesprochen, zwischen asiatischen und afro-lateinamerikanischen Schwellenländern. In Asien erwarte ich derartige Zuspitzungen nicht. In ausgewiesenen Rohstoffländern wie Chile, mit vergleichsweise robuster gesellschaftlicher Grundlage, kann eine solch negative Entwicklung ebenfalls ausbleiben.

Ich rechne aufgrund der hohen Volumina an freier Liquidität mit einer deutlichen Zunahme der Währungsvolatilität für Emerging-Markets-Währungen, die in den letzten Jahren vor Corona deutlich unterdurchschnittlich war.

Ein schwacher US-Dollar kann und wird für Schwellenländerwährungen im Verhältnis zum Euro zu längerer und stärkerer Belastung des Wechselkurses gegenüber dem Euro führen. Dies wiederum wird für europäische Unternehmen und deren Gewinnentwicklung zum Problem, es sei denn, sie sichern sich heute ab! Dabei sollten sie nicht nur die Währungsentwicklung im Auge haben, sondern vor allem auch die Zinsentwicklung. Die Kosten einer Währungsabsicherung sind maßgeblich an die Zinsentwicklung gekoppelt.

Mein Resümee für Emerging-Markets-Währungen in den frühen 2020ern

Nach der starken Erholung vieler Währungen von Mai 2020 bis ins Frühjahr 2021 ist in den kommenden zwölf bis 24 Monaten mit mindestens einer starken Risk-off-Phase zu rechnen. Aktuell sind Investitionen in diese Währungen mit großer Vorsicht zu betrachten und möglichst zu meiden. Einzig beim – vom Risk-off miterfassten – Rubel sehe ich längerfristig eine Aufwertung als wahrscheinlich an. Die kurzfristigen Zinsen sind beim Rubel auch deutlich höher als in Südafrika oder Brasilien!

8. Sind wir auf dem Weg in die Star Treconomy?

Die Entwicklungen, die ich durch den säkularen Konflikt erwarte, sind von der Auseinandersetzung zwischen den Eliten des Westens und jenen Chinas geprägt. Ich rechne damit, dass das Match lange Zeit ausgeglichen verlaufen wird. Europa und den USA traue ich höhere Kreativität zu, China ein stärkeres Maß an Fokussierung, das den Mangel an Kreativität auszugleichen helfen sollte.

Es wird darauf ankommen, wie die Eliten es schaffen, die große Mehrheit der Bevölkerung ruhig zu halten, ja, ihr sogar den Eindruck zu vermitteln, dass es für sie zu keiner dramatischen Verschlechterung der Lebensbedingungen kommt. Das Gute an der Ausgangslage ist, dass die Eliten die Beteiligung und die Einsatzbereitschaft der vielen benötigen, um ihre eigenen Ziele umsetzen zu können. Ich sehe zurzeit nur eine geringe Gefahr, dass sehr wenige alle anderen nach Gutdünken manipulieren wollen, einfach um der Ausübung von Macht willen. Die Diskussion über das Buch *COVID-19 The great reset* (von Klaus Schwab und Thierry Maleret, erschienen im Kopp-Verlag) finde ich daher ziemlich überspannt. Sie zeigt aber auch, dass es zunehmendes Misstrauen gegenüber den Eliten gibt. Viele Menschen sehen sich als Verlierer einer Entwicklung. Es ist leicht erkennbar, dass es Bevölkerungsgruppen gibt, die ihre Existenz gefährdet sehen, während andere einseitig profitieren. Wie so oft nehmen es Verlierer einer Entwicklung nicht als Herausforderung an, sich selbst anzupassen, sondern reagieren gehässig gegenüber jenen, die auch in schwierigen Zeiten erfolgreich agieren.

Als **Star Treconomy** bezeichne ich die Verfügbarkeit aller notwendigen Versorgungsgüter, ohne dafür Geld bezahlen zu müssen. In der US-Serie *Raumschiff Enterprise* (Engl. *Star Trek*) haben die Menschen konsumiert, ohne je bezahlen zu müssen. Ich rechne damit, dass die kommenden zehn Jahre digitales Notenbankgeld bringen werden. Dieses könnte als Übergangsversorgung der Bürger verstanden werden, bis wir in einem Endsystem landen, in dem die Spezialisten beziehungsweise Eliten dennoch über mehr Güter verfügen werden als die breite Masse, die nur versorgt werden muss.

Sind unsere Eliten in der Lage, das grosse Ganze zu sehen?

Diese einfache Frage richtet sich auf deren Fähigkeit zur Erkenntnis, dass es nicht funktionieren kann, erfolgreich zu sein, ohne den Rest der Bevölkerung mitzunehmen. Gelingt dies nämlich nicht, wäre die zwingende Folge eine Ghettoisierung der Lebensräume mit unabsehbaren Folgen für unser Gesellschaftssystem. Ob dann Zustände wie in der Zwischenkriegszeit eintreten oder solche, wie sie teilweise in Südafrika herrschen, wird sich erweisen. Aus meiner Sicht stehen wir in der Geschichte der Menschheit in einer einzigartigen Ausgangslage. Ich hoffe, dass es für die heutigen Eliten leichter ist, das große Ganze zu erkennen, sodass es nicht, wie früher, möglich ist, das Volk aufzuhetzen und es in den nächsten Krieg zu treiben. Kriege haben sich als Möglichkeit zur Fortsetzung der Politik mit anderen Mitteln (Carl von Clausewitz, ehem. deutscher Militärwissenschaftler) überlebt. Es wird also nicht gehen, die Bevölkerung durch Krieg zu beschäftigen, weil der Preis eines Krieges mit China die Auslöschung sämtlicher Lebensgrundlagen von uns allen nach sich zöge.

Die technologische Entwicklung kann helfen, einseitige Not zu verhindern

Die Entwicklung der Technologie war in den letzten 30 Jahren atemberaubend schnell und umfassend. Wir haben die Grundlage des Lebens, unsere DNS (Desoxyribonukleinsäure, engl. DNA), zerlegt und verstehen diese heute schon sehr gut. Die Entwicklung zu weiterem, vertieften Verständnis des Erbguts verläuft immer noch sehr schnell. Wir sind in der Lage, Dinge aus dem Nichts zu schaffen.

Ein Weg der Zukunft zur Ernährung der Menschen wird zu einem guten Teil auf den Erkenntnissen in diesem Sektor beruhen. Ich gehe auch davon aus, dass es möglich sein wird, Nahrungsmittelreplikatoren herzustellen, die aus Basiskomponenten das gewünschte Gericht herstellen können. Das klang vor 50 Jahren im Film *Raumschiff Enterprise* nach purer Fantasie. Heute sind wir nicht allzu weit davon entfernt. Unternehmen wie BeyondMeat (das Unternehmen stellt unter anderem Fleischersatzprodukte her) zeigen, was möglich ist, und aus meiner Sicht ist das erst der Anfang.

Es wird Verlierer geben – müssen sie sich so fühlen?

Die Auseinandersetzung des Westens mit China wird in einem hochsophistizierten Umfeld erfolgen. Der Hichtech-Wettstreit schließt die Beteiligung der Massen weitgehend aus. Es sind Spezialisten, die diesen Wettstreit führen werden. Alle anderen sind in die Schaffung der Infrastruktur und deren Erhaltung eingebunden. Die Anstrengungen werden groß sein, und ich gehe davon aus, dass in den kommenden zehn Jahren auch reichlich Arbeit auf alle zukommen wird. Es ist nicht absehbar, ob ein Ende der Auseinandersetzung möglich ist oder wann es gegebenenfalls eintritt. Klar ist aber, dass wir für einige Zeit mit einer Verknappung von Rohstoffen und auch von menschlichen Ressourcen in den Spezialistenbereichen rechnen müssen. Ich nehme auch nicht an, dass die Auseinandersetzung ohne jegliche Kooperation zwischen China und dem Westen stattfinden wird. Weil Krieg ausscheidet, muss man sich mit Widerwillen, aber doch auch immer wieder austauschen und zumindest phasenweise kooperieren.

Der Westen und China haben auch Gemeinsamkeiten

Wir haben auf der Erde knapp 8 Milliarden Menschen zu versorgen. Dabei ist es in niemandes Interesse, dass es zu erheblichen Wanderbewegungen kommt. Das ist weder für Europa tragbar (Eurasien/Afrika), noch für China-Russland oder die USA (Lateinamerika). Ich rechne fest damit, dass die Forschung auch in die Richtung gehen wird, die einzelnen Regionen unabhängiger von externen Lieferungen zu machen. Hier rechne ich insbesondere in der Landwirtschaft mit großen Fortschritten. Im Hinblick auf die Treibhausgase ist auch zu hinterfragen, ob die Massentierhaltung, die nötig ist, um 8 Milliarden und mehr Menschen zu nähren, nicht ein Auslaufmodell ist. Wichtig ist, dass Menschen gesunde und sauber zubereitete (tierische) Eiweiße zu sich nehmen können, wenn sie das wollen. Ob diese tierischen Eiweiße von Kühen, Schweinen oder Geflügel kommen (für deren Aufzucht zum Teil erhebliche Beigaben von Antibiotika und Chemikalien erforderlich sind) oder aus alternativen Quellen, ist dabei unerheblich und von funktionierenden Zubereitungsmethoden abhängig. Der menschliche Körper braucht in erster Linie Eiweiße, um ein langes gesundes Leben führen zu können. Ich kann mir dabei vorstellen, dass die Entwicklung in eine Richtung geht, die es Menschen leicht macht, sich **noch bequemer zu ernähren.** Dazu können auch völlig neue Methoden der Nahrungsmittelproduktion und -zubereitung gehören. Es würde mich nicht wundern, wenn in den kommenden zehn bis 20 Jahren die ersten Nahrungsmittelreplikatoren auf den Markt kommen, die aus Grundstoffen eine Vielzahl von Gerichten herstellen könnten. Aber auch ohne sie wird es notwendig werden, die Ernährung auf eine weniger Ressourcen verschlingende Grundlage zu stellen. Landwirtschaftliche Flächen werden knapper. Es ist notwendig, deren Raumbedarf zu beschränken. Dies ist eine ökologische Frage, mehr noch aber eine ökonomische Herausforderung und letztlich ein geopolitisches Risiko, weil es um den Zugang zu

Nahrungsmitteln geht. Die Weltbevölkerung wächst, die nutzbaren Bodenflächen sind zwar nicht erschöpft, doch sind unsere heutigen Produktionsmethoden dazu angetan, Böden auszulaugen und unbrauchbar zu machen. Es ist nur eine Frage der Zeit, bis sich hier Probleme ergeben. Wer darüber nachdenkt, und das erwarte ich auf einer breiten Basis, wird diese Probleme auch adressieren müssen, sich also darum kümmern müssen, bevor sie uns um die Ohren fliegen.

Dieser kleine Ausflug in die Science-Fiction hat für mich relevante Grundlagen. Zum einen muss das Ziel darin bestehen, möglichst wenige Verlierer zuzulassen, um das gesellschaftliche Gefüge soweit intakt zu halten, dass die Kreativen, die Spezialisten und die Eliten ein bequemes Leben führen können. Zum anderen dürfen die Zurückbleibenden nicht den Eindruck haben, vor dem Nichts zu stehen. Grundlegende Fragen des Überlebens, wie Nahrung und Wohnraum, müssen auch für sie vorhanden sein. Letztlich brauchen wir zunächst sprühende Ideen, um auch Wege zu beschreiten, die zuvor noch niemals von Menschen beschritten wurden, um doch voranzukommen.

Auch Bildung wird ein Gut sein, das im Interesse der Eliten weiterhin für die Masse angeboten wird. In einer geopolitischen Großauseinandersetzung ist die Bildung der Massen, ohne auf Kriegsführung zurückgreifen zu können, ein wichtiger und notwendiger Bestandteil der Auseinandersetzung. Wir brauchen im Westen, wie auch in China, immer mehr gut ausgebildete Spezialisten. Jene, die sich dafür eignen, benötigen eine Plattform, also eine Ausbildung, in der sie diese Eignung zeigen und ausbauen können. Stellt man eine solche nicht zur Verfügung, wäre eine Auseinandersetzung mit einer anderen Großmacht vollkommen zwecklos.

Ich gehe davon aus, dass es eine grundlegende Änderung geben wird in der Art, wie wir aus- und weiterbilden. Das Leistungsdenken wird noch ausgeprägter werden, Errungenschaften sind um jeden Preis zu erreichen. Ich gehe davon aus, dass wir noch sehr viele technologische Wunder erleben werden, die unser Leben bereichern, neu gestalten, aber auch teilweise unser Leben verändern und einschränken werden. **Echte Freiheit ist in einem Zeitalter einer säkularen Auseinandersetzung ein Luxusgut.** Abhängigkeit ist aber auch bei den Eliten eine zunehmende Größe. Eine solche Auseinandersetzung, wie sie nun stattfindet, ist für alle Gesellschaftsschichten eine übergroße Herausforderung, die nur durch wechselseitige Abhängigkeiten und Stützung bewältigt werden kann.

Mir ist bewusst, dass ich angesichts der Erfahrungen, die wir in der miserablen Herangehensweise rund um COVID-19 gemacht haben, fast schon über-optimistisch wirken mag. Die Bürokratur, die wir seit März 2020 erleben, zeigte viel Unwissenheit, Überforderung, Anmaßung, Rechtsbruch, Präpotenz und alles in allem eine insgesamt schlechte Erfassung der Problematik. Wenn diese Erfahrung eine Leitschnur für die Zukunft wäre, müsste ich tatsächlich sagen: Geben wir es auf; die Chinesen haben nicht nur COVID-19 besser im Griff.

Ich schöpfe aber Hoffnung aus dem Gedanken, dass es nun die westlichen Unternehmen sind, die nicht (oder möglichst wenig) behindert durch den Staat, die Herausforderung Chinas aufnehmen müssen. Es ist in deren Interesse, in Führung zu bleiben. In Führung ist der Westen heute jedenfalls noch immer. Viele Unternehmen haben auch in China ein starkes Standbein und wissen daher, dass es dort auch Geschäftsmöglichkeiten gibt, die sie nutzen können. Dennoch erkennen sie, dass sie selbst in ihrem Bestand gefährdet sind, wenn sie weitermachen wie bisher.

In der Neuausrichtung der westlichen Regierungen hin zur Unterstützung der Umlenkung der Wirtschaft zu einer Green Economy, was auch durch die Notenbanken massiv gefördert wird, sehe ich den Versuch, unser aller Wohl und Wehe aufrechtzuerhalten.

Der Westen muss sich am Riemen reißen und technologisch einen Quantensprung machen. Dies dient zum einen dazu, den Konflikt mit China zu bewältigen, zum anderen die Ernährungsversorgung der Menschen und ihr persönliches Wohlbefinden sicherzustellen.

Gelingt ein Durchbruch durch die Verbindung von Nutzbarkeit grüner Wasserstofftechnologie, endet auch die Hauptlast für westliche Wirtschaftssysteme – die Verfügbarkeit von Energie. In den vergangenen 100 Jahren war es die Verfügbarkeit von Energie und Rohstoffen, die zu Auseinandersetzungen geführt hat. China und der Westen stehen hier vor einer großen Herausforderung, die – wie oben angesprochen – nur dann bewältigt werden kann, wenn die große Masse der Bevölkerung sich nicht als Verlierer fühlt.

Sind wir auf dem Weg zur Star Treconomy?

In den kommenden Jahrzehnten wird es eine kleine Zahl von Spezialisten und Eliten geben, die das Geschick unserer Gesellschaft lenken werden. Soziokulturell ist das nicht ungewöhnlich. Es waren geschichtlich immer sehr wenige, die alles lenkten. Diesmal sind die wenigen getrieben von einer säkularen Herausforderung, sie sind mehr denn je darauf angewiesen, dass die Masse nicht verelendet, was das Risiko von Revolten nach sich zöge und die Aussicht schmälerte, gegen die konkurrierende Elite zu obsiegen. Sie werden die Masse an ihrer Seite brauchen, um die Elite des anderen Machtbereiches in die Schranken zu weisen.

Die Versorgung aller wird zum strategischen Ziel werden müssen. Wenn Menschen keine Sorge um die Grundbedürfnisse haben müssen, bleiben sie friedlich. Wenn sie dabei auch noch ohne Sorgen um die Kosten der Energie konsumieren, um sich damit unterhalten zu können, ist mit Aufständen kaum zu rechnen. (»Panem et circenses«, heißt das Prinzip.)

Ich belasse es an dieser Stelle dabei, meiner Hoffnung Ausdruck zu verleihen, dass wir uns, getrieben durch die äußeren Umstände, tatsächlich in diese Richtung entwickeln, an deren Ende die Versorgung aller steht und die kein Geld mehr erfordert.

Nach diesem Ausflug in weit entfernte Sphären, die noch nie ein Mensch gesehen hat, nun wieder zurück in die nicht ganz so rosige Realität.

9. Meine Erwartungen für die Kapitalmärkte

2020 WAR UMWERFEND, HAT UNS ABER AUCH WEITERGEBRACHT

Am Jahresbeginn 2020 sah noch alles danach aus, als würde es ein wirtschaftlich gutes Jahr werden. Die Börsen zeigten sich stark, der DAX war bis Mitte Februar bereits um 6 Prozent gestiegen. Ich hatte im Januar 2020 mitbekommen, dass in China ein neuartiges Virus Verbreitung findet. Mir kam das damals schon bedrohlich vor. Was haben die Chinesen, dass sie ganze Städte abriegeln? Die Situation in China und bald auch in Südkorea verschlimmerte sich, sodass ich deshalb Mitte Februar vermutete, dass die Lage an den Finanzmärkten wohl nicht mehr so ruhig weitergehen könne. Ich erwartete einen Einbruch der chinesischen Wirtschaft und sah darin eine Bedrohung für die Weltwirtschaft. Ich habe damals begonnen, meine Portfolios sturmfest zu machen. Die Stimmungsindikatoren waren übertrieben positiv, die Probleme bereits klar sichtbar. Dann ging es Schlag auf Schlag, das Virus verbreitete sich auch in Europa, dann schnell weltweit. Knapp zwei Wochen später brachen die Märkte fast zusammen.

Nach dem schnellsten Einbruch erfolgte eine massive Erholung

Die Stimmungsindikatoren waren vor den Kurseinbruch bereits extrem gewesen. Interessanterweise sind sie heute auch sehr hoch, aber trotz höherer absoluter Kurse doch noch nicht so übertrieben wie im Januar 2020.

Es hat sich im Zuge der Pandemie gezeigt, dass Technologie wichtiger ist denn je. Außerdem hat sich gezeigt, dass Unternehmen aus dem Technologiesektor auch im Rahmen einer Pandemie ein sehr robustes Geschäft haben. Für einige Technologiefirmen wie Zoom oder auch Netflix war 2020 ein herausragendes Jahr. Viele Unternehmen aus dem produzierenden Sektor sind gestählt aus der Finanzkrise hervorgegangen und waren besser auf die neue Krise vorbereitet. Es waren aber vor allem positive Nachrichten aus der Welt der Technologiefirmen, welche die Stimmung im Markt prägten und nicht etwa die Berichte von Insolvenzen großer Unternehmen mit nachfolgenden Massenentlassungen, die beide ausblieben. Dies mag ein Teil der Erklärung dafür sein, dass die Börsen eine rauschende Erholung feierten.

Der Hauptgrund liegt aber nicht darin, dass die breite Masse der Unternehmen ihre Gewinne steigern konnte. Dies war eher in Ausnahmefällen der Fall. Für die meisten Unternehmen gab es Umsatzeinbußen im niedrigen zweistelligen Prozentbereich, die durch Kurzarbeit und Zuschüsse gut abgefangen werden konnten, sodass viele Unternehmen 2020 keinen Ergebnisrückgang erlitten. Für viele Kleingewerbetreibende, Dienstleister, die Tourismusbranche und die Flugindustrie waren es bittere Zeiten. Hier wird sich zeigen, wie viele es tatsächlich überleben. Lockdowns verursachten etwa im Taxi-Gewerbe mehr als 50 Prozent Umsatzeinbruch, in einer Branche, die zuvor schon von Überkapazitäten und die Konkurrenz durch Uber, Lyft oder Bolt geplagt wurde.

Corona beeinflusst unsere Wirtschaft nachhaltig

Wir erleben mit Corona weniger eine direkte Veränderung als eine massive Beschleunigung schon davor bestehender Trends. Bei historischen Technologiesprüngen kam es immer zu Verwerfungen der tradierten Wirtschaft, die mit Neuerungen konfrontiert und durch diese letztlich auch zerstört wurde. Pferdefuhrwerker hatten jahrhundertelang ein gutes Auskommen. Mit der Erfindung der Dampflokomotive, der Elektrizität (Straßenbahn) und des Automobils kam es innerhalb weniger Jahrzehnte zu einem vollständigen Erliegen der Nachfrage. Der Transport mit Pferden war teuer, nahezu elitär. Dass die Pferdefuhrwerker ihr Lebenswerk zerstört sahen, war individuell tragisch, niemand wird sich aber heute diese Zeit zurückwünschen. Wir schätzen es, günstig, schnell und sicher, ohne olfaktorische Belästigung und heftiges Geruckel eines schreckhaften Pferdes transportiert zu werden und selbst mit dem Auto zu fahren.

Hüten Sie sich vor Weltuntergangspropheten

Nach 2008 schossen die Weltuntergangspropheten wie Pilze aus dem Boden und haben nun mit Corona eine Bestätigung erhalten – und neues Feuer, um ihr Geschäftsmodell – Prognosen zum Untergang des Wirtschaftssystems und dem Ende des Geldes – voranzutreiben. Ich nenne keine Namen, es gibt in Deutschland gut ein halbes Dutzend Apokalyptiker, die mit ihren düsteren Prognosen zum Geldsystem eine hohe Bekanntheit erreicht haben. Ich halte sie durchwegs für Scharlatane, sie sind oft intelligent, aber unseriös, und nur daran interessiert, ihre Schäfchen zu mehren. **Das Geldsystem wird in den kommenden zehn Jahren genauso wenig zusammenbrechen wie in den letzten zwölf Jahren**. Die von manchen dieser Herrschaften propagierten Investments in Gold und Aktien sind dennoch eine gute Idee. In Österreich und Deutschland herrscht aber immer noch die Sparbuchmentalität vor; Aktien und Gold gelten als unsichere Spekulation. Ich halte viel von Investments in Gold und auch in Aktien.

Ich bin dennoch weit davon entfernt, eine apokalyptische Weltsicht einzunehmen. Im Gegenteil, die aktuellen Veränderungen sind eine Herausforderung, gewiss, sie sind aber nicht der Untergang der Welt. Es ist auch kein Untergang, wenn manche Teile der Wirtschaft Probleme bekommen oder auch untergehen. Das ist wiederum individuell tragisch, für uns alle ist aber neuerlich ein Fortschritt möglich, also eine Verbesserung und nicht etwa der Untergang der Zivilisation, wie wir sie kennen.

Die Börsen werden weiter schwanken, in den 2020ern aber weiter steigen

Ich habe in meinem Buch *Nie wieder Zinsen* vor vier Jahren die Erwartung geäußert, dass die Börsen in einen volatilen Seitwärtstrend eintreten werden. Die nachfolgende Grafik zum Euro Stoxx 50 illustriert eindrücklich, dass diese Überlegung richtig war. Ich habe damals auch Zweifel daran geäußert, dass es hilfreich sein könnte, passiv zu investieren, nur um Kosten zu sparen. Das allein bringt keine Rendite!

Euro Stoxx 50 Performance seit Erscheinen des Buches *Nie wieder Zinsen*: Ich hatte vor vier Jahren erwartet, dass die Börsen nicht notwendigerweise steigen werden. Die Voraussetzungen waren dafür nicht vorhanden. Aktien sind abgezinste Erträge der Zukunft. Liegen die Zinsen bei 0 Prozent, ist ein nachhaltiger Anstieg der Aktienkurse schwer vorstellbar – so die These. (Quelle: www.tradingeconomics.com)

Die Aktien der Branchen, mit denen man seit 2017 Geld verdienen konnte, waren teuer, oft markteng und boten nicht immer Gewinne. Viele Technologieunternehmen sind nun nicht mehr aus unserem Leben wegzudenken. Manche haben auch eine marktbeherrschende Stellung erlangt. Ihnen droht in den kommenden Jahren zunehmend politischer Gegenwind und damit ein Ertragsrückgang oder gar die Zerschlagung, weil sie auch als Machtfaktor identifiziert worden sind (fragen Sie Donald Trump, was er davon hält, auf Twitter, Facebook oder anderen sozialen Medien zensiert zu werden, und das schon zu Zeiten seiner Präsidentschaft).

Ich bin mir sicher, dass wir im Jahr 2021 keinen regulatorischen Untergang von Geschäftsmodellen der Technologiebranche sehen werden. Die entsprechende Überlegung behalte ich aber im Hinterkopf, weil sie das Marktrisiko steigern könnte, das alle Aktien betrifft.

Ich erwarte 2021 auch keinen massiven Rückgang bei den Kursnotierungen von Technologieaktien. Ich halte es aber für möglich, dass ein weiterer Anstieg unterbleibt. Wenn das Ausbleiben länger andauert, steigt in der Folge auch das Risiko, dass eine starke Korrektur eintritt. Die Führung an den Börsen wird sukzessive von anderen Sektoren übernommen!

Warum sind die Börsen 2020 gestiegen/stabil geblieben und werden 2021 noch weiter steigen?

Wie im ersten Kapitel, »Die Notenbanken liquidieren das System«, angemerkt: Die klassische Betrachtung, wie das Geldsystem funktioniert, ist seit der Finanzkrise mehr oder weniger ausgehebelt worden. Die Zinsen wurden nicht nur abgeschafft, sondern der Besitz von Geld wurde sogar unter Strafe gestellt, sprich mit einem Strafzins belegt. Geld soll nicht gehalten, sondern in Umlauf gebracht werden. Diese Strategie wurde zuerst in den USA, dann aber auch in Europa mit Verve umgesetzt. Die US-amerikanische Fed sträubt sich zwar bis heute, Negativzinsen einzuführen, hatte jedoch keine Hemmungen, die Banken zur Kreditvergabe zu zwingen.

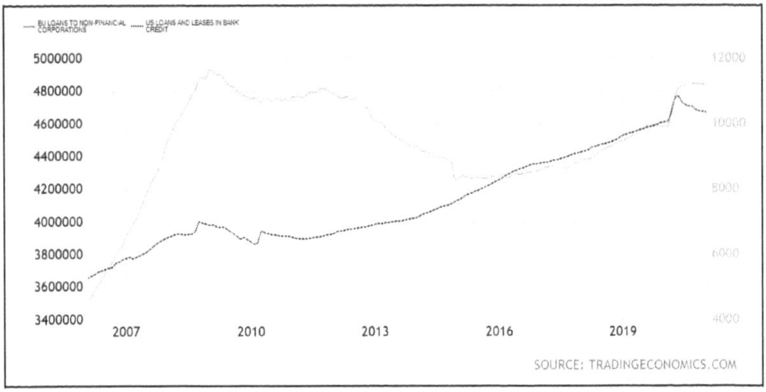

Kreditvergabe an den Privatsektor in den USA und in Europa: In den vergangenen Jahren kam es zu einer ununterbrochenen Kreditausweitung in den USA. In Europa verlief das nicht ganz so glatt. Vor der Finanzkrise kam es hier zu einer überstarken Kreditexpansion, danach zu einer Kreditkontraktion, die Europa in die Krise stürzte. Die USA schränkten die Banken bei weitem nicht so stark ein wie die europäische Bürokratur. Dadurch sorgten sie für höhere Stabilität. (Quelle: www.tradingeconomics.com)

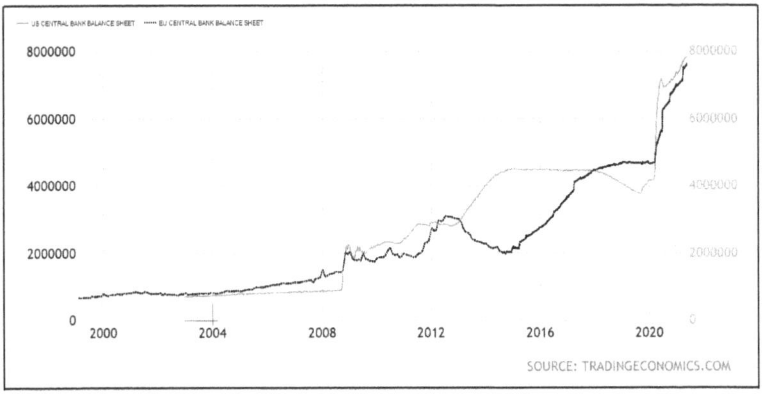

Die Zentralbankbilanzen in den USA und Europa: Die Grundlage für das Wachstum des letzten Jahrzehnts ist auf Gelddrucken aufgebaut. (Quelle: www.tradingeconomics.com)

Die Notenbanken haben in den vergangenen 13 Jahren jegliche Contenance verloren und auf jede Krise mit immer noch weiterreichenden Maßnahmen reagiert. Aus meiner Sicht ist davon auszugehen, dass diese Politik keinesfalls geändert, sondern nur neu orchestriert werden wird. Die Unabhängigkeit der Notenbank war ein kurzer Moment in der Geschichte. Was heute im Vordergrund steht, ist die Staatsräson – und das ist nichts Schlechtes, wenn man sie zu nutzen versteht.

Ein Ende der Börsenkursanstiege ist nicht zu erwarten

Pausenlos wird der weitere Börsenkursanstieg nicht verlaufen. Die Pausen können sich auch wie ein Crash anfühlen. Ich gehe aber davon aus, dass die Notenbanken klar signalisieren werden, dass sie unermüdlich weiter Geld drucken werden.

Solange die Inflationsrate im langfristigen Schnitt unter 2 Prozent bleibt und keinen starken Drall entwickelt, deutlich und nachhaltig über 2 Prozent zu steigen, werden die Notenbanken die Geldmengenversorgung nicht reduzieren müssen – und selbst dann werden sie mit Hinweis auf die Notwendigkeit der Unterstützung der Wirtschaft länger untätig bleiben als in der Vergangenheit.

Die US-amerikanische Notenbank Fed hat dies bereits bekräftigt. Auch eine zeitweilige Steigerung der Inflationsrate über den Zielwert von 2 Prozent hinaus würde die Notenbank nicht dazu veranlassen, die Zinsen zu erhöhen. Die Inflationsrate lag solange unter dem Wert von 2 Prozent, dass die Fed es für sinnvoll erachtet, diese auch einige Zeit lang über 2 Prozent zu dulden, bevor sie Schritte einleiten wird.

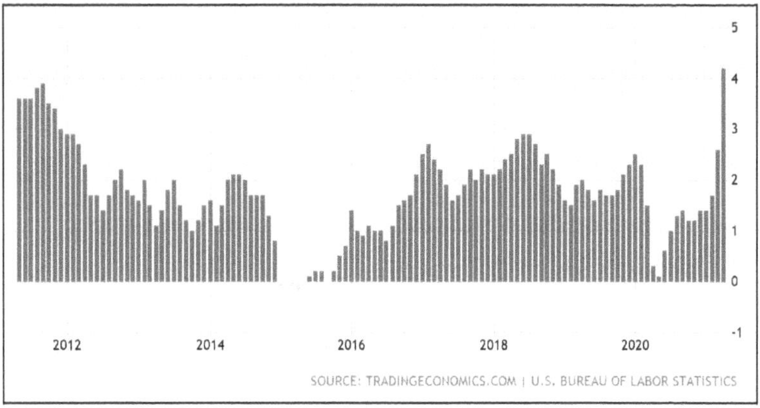

Inflationsrate in den USA: In den vergangenen zehn Jahren haben die USA das Inflationsziel von 2 Prozent mehrheitlich unterboten. Damit sieht die Fed genug Raum für einen Anstieg auf über 3 Prozent, ohne das langfristige Inflationsziel von durchschnittlich 2 Prozent zu gefährden (**sic**!). (Quelle: www.tradingeconomics.com)

Ich zitiere nochmals aus *Nie wieder Zinsen*, wenn ich nun schreibe, dass es im Zusammenhang mit der Globalisierung, schwacher Demographie und der Digitalisierung dauerhaft schwierig ist, dass sich eine nachhaltige Inflation entwickelt. Ich schrieb vor vier Jahren, es sei dabei nicht ausgeschlossen, dass es zu inflationären »Spikes« (Sprüngen) komme, die die Inflation kurzfristig anspringen lassen, danach aber durch den deflationären Grundtrend wieder überlagert werden. Ich begründete das schon damals mit den Preisentwicklungen bei Rohstoffen, die das bewirken könnten. Der geopolitische Konflikt mit China wird diese Entwicklung beschleunigen.

Wir stehen vor der vollständigen Reorganisation unseres Wirtschaftssystems

Diese Tatsache diskutieren wir bereits seit Jahren, teilweise unter dem Schlagwort »Industrie 4.0«. Digitale Prozesse verändern unsere Arbeits- und Produktionsmethoden. Mit der Pandemie wird die Digitalisierung auf ein neues Level gehoben, die Prozesse dahin beschleunigt. Dabei werden Unternehmen sich nun beeilen, um diese Entwicklung für sich selbst, so schnell es geht, umzusetzen. Dies ist aus zwei Gründen wahrscheinlich: Die Pandemie hat gezeigt, dass Produktionsprozesse mit globalisierten Lieferketten verletzlich sind. Digitalisierungsprozesse können und werden dazu führen, dass Produktionen und Lagerhaltungen wieder näher zusammengeführt werden.

Die Globalisierung ist damit aber nicht tot. Viele Unternehmen werden ihre digitalisiert optimierten Produktionsprozesse in kleineren Einheiten direkt vor Ort transformieren. Damit wird dafür gesorgt, dass regionale Probleme nicht den gesamten Produktionsprozess hemmen beziehungsweise dass die Unternehmen in der Lage sind, den Ausfall an einer Produktionsstätte zu kompensieren.

Die Investitionstätigkeit der Unternehmen wird in den kommenden Jahren erheblich zunehmen

Auch technologischer Fortschritt wird in einem Maße erzielt werden, wie wir das seit den 20er-Jahren des letzten Jahrhunderts nicht mehr erlebt haben. In der ganzen Zeit der 2020er-Jahre werden wir ein Wechselspiel von anziehender Inflation und deflationären Rückschlägen erleben. Die Notenbanken haben bereits jetzt angekündigt, nicht in diesen Verlauf eingreifen zu wollen. Das ist ein Zeichen für die Erkenntnis der Zentralbanken, dass dieser Prozess bevorsteht, der nicht behindert werden darf, indem die Geldpolitik zu früh oder überhaupt bremsend eingreift.

Das Ziel ist die Unabhängigkeit von China

Ich führe mit vielen schlauen Menschen Gespräche. Das hilft mir, Fakten zu erkennen, die ich mir im stillen Kämmerlein nicht ganz allein zusammenreimen könnte. Dass die kapitalistische Diktatur (China) das überlegene System sein könnte, halten heute viele für möglich. Gleichzeitig können wir entgegenhalten, dass das freiheitliche, nicht aus Angst geborene System der Kreativität im Westen seinesgleichen sucht. Unsere einzige Chance, gegen die chinesische Herausforderung besteht darin, unser kreatives Potenzial zu entfesseln. Wir stehen heute unmittelbar davor, genau das zu tun.

Der Westen entfaltet in abgestimmter Weise eine Dynamik hin zu einer Entfesselung seiner wirtschaftlichen Kraft. Die Wirtschaft ist dabei, alle Prozesse zu überprüfen und zu ändern. Das wird in den kommenden Jahren zum einen erhebliche Kosten verursachen, zum anderen werden nicht alle Unternehmen diesen Prozess überleben. Gesellschaftlich werden die Kosten vermutlich, und hoffentlich vorübergehend, erheblich sein. Es ist mehr als wahrscheinlich, dass die Arbeitslosenzahlen steigen werden. Dabei wird die Tatsache nur wenig helfen, dass die Babyboomer-Generation in den Ruhestand geht. Deren Know-how wird im Zuge dessen sogar fehlen und kann nun durch Digitalisierungsprozesse ersetzt werden. Positiv entgegenwirken könnte die Möglichkeit, dass es gelingt, tatsächlich große Infrastrukturprojekte voranzutreiben, die Arbeitsplätze schaffen.

Je weniger der Westen aus China beschaffen muss, desto unabhängiger wird er von China

China wird deshalb nicht untergehen. Der chinesische Binnenmarkt ist größer als die Märkte der USA und Europas zusammengenommen. China kann in den kommenden 20 Jahren seine eigene Wirtschaft entwickeln, ohne den Rest der Welt zu benötigen. Dennoch wird China ein scharfer Konkurrent westlicher Unternehmen im Rest der Welt (Asien, Lateinamerika, Afrika) sein.

Die Liquiditätsversorgung führt zu einer deutlichen Belebung der Wirtschaft

Die Staaten und die Unternehmen werden enorme Mittel aufwenden, sich selbst zu reorganisieren. Dies bringt zunächst temporäre Arbeitslosigkeit mit sich. Mangelnder Druck von Arbeitskosten durch höhere Arbeitslosigkeit begrenzt voraussichtlich den Inflationsdruck. Mit der Entwicklung der Investitionen wird stützende Nachfrage nach Arbeitskräften eintreten.

Ich rechne mit einem selektiven Börsenaufschwung in den kommenden Jahren. Die richtige Auswahl der Gewinnersektoren in dieser Zeit wird wichtig sein, um Geld zu verdienen.

Auch starke Börsenkorrekturen sind wahrscheinlich. Deren Management wird darüber entscheiden, wie hoch der Ertrag letztendlich ausfallen wird.

Jahresausblick 2021 bis 2024

Ich bin sehr zuversichtlich mit Blick auf die kommenden Jahre. Meine Zuversicht gründet auf dem Veränderungswillen der Unternehmen. Diese Aussicht wird zum Teil überschattet von immer mehr Schulden, welche die Staaten, aber auch die Unternehmen gemacht haben und weiterhin machen. Die Herausforderung durch China lässt kaum anderen Spielraum, als voranzugehen, koste es was es wolle. Dies wird langfristig nicht ohne Folgen bleiben. Das Finanzsystem wird aber auch nicht unkontrolliert zusammenbrechen.

Zwischenfrage: Kann es nicht doch zum Zusammenbruch des Finanzsystems kommen?

Alle amerikanischen Finanzwerte zusammengenommen haben ein Volumen von 620 Prozent des BIP erreicht. Es ist völlig undenkbar, dass dieses Volumen drastisch schrumpft. Dies würde die Wirtschaft der USA vernichten und die der restlichen Welt gleich mit. Das ist vermutlich der Grund, warum es Finanzmarkt-Apokalyptiker gibt. Diese durchaus intelligenten Menschen erkennen die Gefahren, die in der aktuellen Entwicklung schlummern. Doch muss man sich immer die Frage stellen: Cui bono? Wem nutzt es? Ein Totalzusammenbruch schadet allen, weil sein Ausgang ungewiss und im Zweifel toxisch ist. Daher hat niemand Interesse daran, es so weit kommen zu lassen.

Aber wie kann das gutgehen?

Diese Frage hat mich auch lange beschäftigt. Schlussendlich liegt die Antwort aber doch auf der Hand.

Ich habe mich schon früh im Jahr 2020 an einen Beitrag in der *Financial Times Deutschland* aus dem Jahr 2007 erinnert. Die Bank of England gab damals bekannt, dass sie eine Kriegsanleihe aus dem Jahr 1916 tilgen wolle. 90 Jahre nach der Emission wurden die Schulden doch noch beglichen, bis dahin waren 4 Prozent Zinsen pro Jahr bezahlt worden. Der innere Wert des Schuldennominals war auf 1 Prozent des Emissionswertes geschmolzen und damit leicht zu tilgen – es waren wenige 100 Millionen Pfund, 1916 ein Vermögen, 2007 eine Lappalie.

Eben diese Bank of England gibt heute als einzige Notenbank zu, dass sie direkte Staatsfinanzierung über die Notenbankpresse betreibt. Wird der Staat jemals an die Notenbank tilgen müssen? Nein. Werden diese Schulden also jemals zurückgezahlt werden? Nein!

Die kommenden Jahre werden gut für aktive Investoren, schlecht für passive Investoren

In den letzten Jahren hat sich ein Narrativ weitgehend durchgesetzt: Passive Investments sind ertragreich und günstig, aktive Investments sind teuer und schon deshalb weniger ertragreich.

Dass ein passives Investment in riskante Aktien in Europa seit vier Jahren keinen Ertrag brachte, ist offenkundig. Dass es viele aktive Fonds gibt, die in dieser Zeit positive Renditen erzielen konnten, wird kaum berichtet.

Die schwache Performance der europäischen Indizes wie dem DAX lag zum Teil an der Struktur des Index, in dem Automobilwerte, Finanzwerte und Maschinenbauer dominieren. Das einzige namhafte Technologieunternehmen Deutschlands ist SAP, und SAP hat 2020 auch keine positive Performance erreicht.

Ich erwarte 2021 ein Aufbruchsjahr – spätestens ab der zweiten Jahreshälfte

Die Aussicht auf wirksame Impfstoffe für alle ist gegeben. Die Ausbringung sowie die Bereitschaft der Bevölkerung, sich auch impfen zu lassen, wird uns noch vor Herausforderungen stellen, die über den konkreten Verlauf des Jahres 2021 auch über die Entwicklung an der Börse entscheiden. Wir können heute aber davon ausgehen, dass Impfstoffe verfügbar sein werden und dass es bis zum Herbst 2021 wahrscheinlich keinen relevanten Druck wegen Corona mehr geben wird, Lockdowns zu verhängen. Viele Unternehmen haben, wie ich zuvor ausgeführt habe, volle Kassen. Sie haben überdies die klare Einsicht gewonnen, dass Lieferketten brechen können und dass kein Weg an einer dynamischen Dezentralisierung und Digitalisierung aller Produktionskettenteile vorbeiführt. Ich gehe auf Basis dessen von einem Investitionsschub aus, der seinesgleichen sucht. Ich rechne damit, dass hier insbesondere deutsche Unternehmen agil sein werden. Von dieser Entwicklung werden viele profitieren. Aus meiner Sicht sollte man sich aber an die soliden Adressen halten, wenn man mit einer gewissen Sicherheit ins neue Jahr gehen will.

Die Inflationserwartungen werden sich im zweiten Halbjahr 2021 weiter nach oben verschieben

Bankaktien empfehle ich zwar noch einige Zeit zu meiden, weil im ersten Halbjahr doch noch mit einer Insolvenzwelle bei kleineren Unternehmen und im Tourismus sowie der Gastronomie zu rechnen ist, die den Bankensektor belasten dürfte. In der zweiten Jahreshälfte könnte dann der Zeitpunkt gekommen sein, in dem es attraktiv wird, Bankaktien zu kaufen! Dieser Sektor hat mich seit 2007 nicht interessiert. Ich halte Bankaktien aber in dem von mir erwarteten Investitionsboom für einen relativ sicheren Weg, um zu profitieren. Niemand mag sie, im Gegenteil, Bankaktien sind fast Teufelszeug. Für Apokalyptiker wird das keine Option sein. Für nüchterne Value-Investoren wird es jedoch ein interessantes Investment, das auch sehr hohe Dividendenzahlungen bringen wird. Für Ungeduldige sind Bankaktien mit Schwerpunkt Asien schon jetzt ein sinnvolles Diversifikationselement.

Die Kapitalmärkte und -ströme der frühen 2020er

Kommen die Roaring 2020ies? Vermutlich ja, aber erst Post-Corona!

Schon seit der Finanzkrise, noch mehr aber mit der Corona-Krise, macht der Aktionismus der Notenbanken vielen Menschen Sorge: Ob all das frische Geld nicht hohe Inflationsraten nach sich zieht, ziehen muss? Viele Menschen sorgen sich gar um eine Hyperinflation.

Die kommenden Jahre werden von einem Inflations-Spike geprägt sein, und ich erwarte steigende Inflationsraten.

Mit Post-Corona wird der Konsum zusätzliche Nachfrage bringen, die deutlich über das Angebotspotenzial hinausgehen dürfte. Wann das genau sein wird, lässt sich nicht ganz klar messen. Post-Corona ist eine Zeitangabe mit unklarem Datum. Wir müssen dafür erst einen global anerkannten Weg zum Umgang mit der Pandemie gefunden haben. Dazu gehört das Erreichen der Herdenimmunisierung – global! Die Mehrheit der Bevölkerung Europas und der USA muss geimpft sein, und auch in Asien dürfen keine Lücken bestehen. Afrika und Lateinamerika werden erst im Laufe der Jahre 2022 und 2023 ein Ende der Pandemie finden, weil die Impfstoffe dort nicht so rasch verfügbar sein werden. Vermutlich reicht für den Anbruch der Post-Corona-Ära aber schon die Bewältigung auf der Nordhalbkugel.

Es wird für Post-Corona viel davon abhängen, dass Mutationen durch (neue) Impfstoffe abgedeckt sind und nicht noch viel aggressivere Varianten auftreten. Post-Corona ist eine Zeitangabe mit einigen Variablen. Ich halte es heute für rational, davon auszugehen, dass dies in den entwickelten Ökonomien mit Ende des Sommers 2021 vollzogen sein sollte.

Nach einem guten Jahr erzwungener Zurückhaltung rechne ich mit erheblichen Nachholeffekten, die vor allem im Tourismus und der Gastronomie für Furore sorgen sollten.

Ob die Reisetätigkeit ebenfalls wieder voll aufgenommen werden kann, wird davon abhängen, ob die einzelstaatlichen Bürokraturen hemmende Vorschriften erlassen oder nicht. Bürokratur ist die Diktatur der Bürokratie. Der Begriff ist neu, aber aus meiner Sicht trifft er den Nagel auf den Kopf. Wirklich durchdacht haben die Behörden in der Pandemie nicht agiert, dafür mit unmittelbarer Befehls- und Zwangsgewalt. Effiziente Schutzmaßnahmen wurden regelmäßig zu spät und erst nach überraschend schlechten Entwicklungen ergriffen. Vorausblickend ist daher nicht von vornherein mit einer besonnenen und sinnvollen Abwicklung einer Wiederöffnung zu rechnen. Zumindest besteht hier das Risiko kapitaler Fehler. Wenn ich jedoch davon ausgehe, dass ganz schwere Fehlentscheidungen europaweit ausbleiben, ist es denkbar, dass wir Ende des Sommers zur relativen Normalität zurückkehren werden. Die schutzbedürftigen Bevölkerungsgruppen sollten dann durchgeimpft sein und ein größerer Teil der restlichen Bevölkerung ebenso. Damit dürfte die Belastung des Gesundheitssektors enden und die Restriktionen könnten aufgehoben werden.

Warum rechne ich Post-Corona mit einer starken wirtschaftlichen Belebung?

Die verarbeitende Industrie boomt bereits jetzt und das global. Dies führt zu erstaunlichen Entwicklungen im Bereich der Rohstoffpreise und Frachtkosten. Zusätzlich liegt bei den Konsumenten im Westen unglaublich viel Geld bereit, das auf die Aufhebung der Restriktionen wartet. Das hat Folgen für Transportkosten, Rohstoff- und Energiepreise.

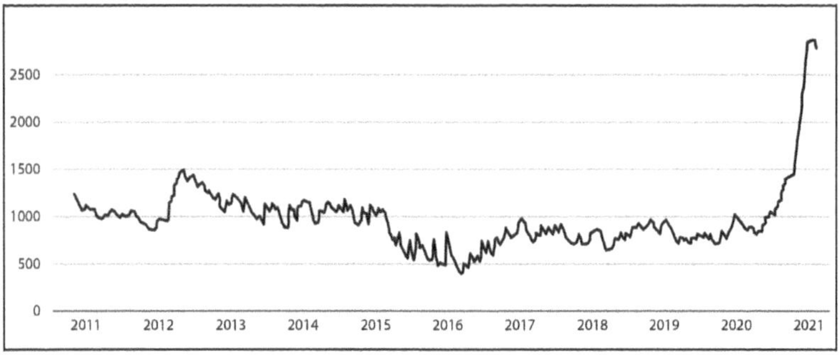

Seefracht aus China – Kostenexplosion: China liefert, was der Westen braucht. Die hohen Preise sind ein attraktives Geschäft für die Betreiber der Containerschifffahrt. (Quelle: www.themarket.ch)

Viele unterschätzen die Auswirkungen des starken Anstiegs der Sparquoten

In der Pandemie waren viele Angebote nicht nutzbar, für die wir sonst erhebliche Teile unseres Einkommens ausgeben. Auch jenen, denen durch Kurzarbeit nur 60 bis 90 Prozent der normalen Bezüge blieben, bleibt dadurch mehr übrig. Denn es war nicht möglich, essen zu gehen, das Feiern war sehr eingeschränkt erlaubt, und die Reisemöglichkeiten waren begrenzt. Somit konnte in viel geringerem Umfang konsumiert werden, als sonst üblich. Post-Corona wird ein guter Teil des brachliegenden Kapitals für den Konsum freiwerden, und ich gehe davon aus, dass es in großem Umfang zu einer Nachziehkonsumation kommen wird. In der EU und den USA hat sich die Sparquote 2020 verdoppelt. Von 9 Prozent der Einkommen auf rund 18 Prozent des verfügbaren Einkommens. Heruntergebrochen auf das Bruttoinlandsprodukt impliziert das ein Potenzial von zusätzlichem Konsumvolumen von rund 5 bis 6 Prozent des BIP in den ersten 18 Monaten Post-Corona. Die Sparquote kann dabei aufgrund der Unsicherheit immer noch hoch bleiben; dies würde die Konsumfähigkeit für einen umso längeren Zeitraum hochhalten!

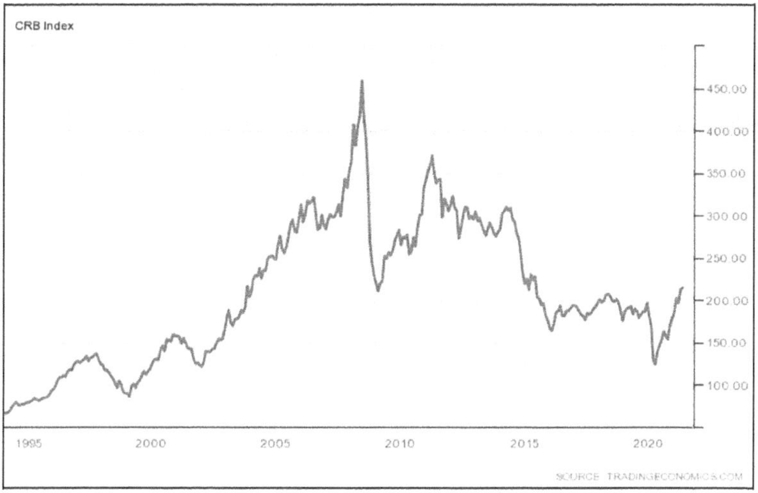

CRB – Rohstoffindex: Die Rohstoffpreise sind gestiegen, aber Rohstoffe sind noch weit entfernt davon, teuer zu sein. (Quelle: www.tradingeconomics.com)

Die steigenden Frachtkosten und Rohstoffpreise deuten auf eine starke wirtschaftliche Belebung, zeigen aber auch, wie markteng Transportkapazitäten und Rohstoffverfügbarkeit sind, wenn die Nachfrage anspringt. Insbesondere bei Kupfer und Stahl kam es zu deutlich stärkeren Preisverschiebungen.

Diese Teuerungen wurden im Wesentlichen von der verarbeitenden Industrie ausgelöst. Wenn Post-Corona dann auch die Nachfrage der Konsumenten anspringt, kann die Fähigkeit, benötigte Rohstoffe zu liefern, leicht überfordert werden. Dabei ist zu bedenken, dass es seit 2013 einen breiten Niedergang der Rohstoffpreise gab. Solche langjährigen Entwicklungen haben Auswirkungen, die bei einem sprunghaften Anstieg der Nachfrage hohen Preisdruck zur Folge haben.

Schwache Rohstoffpreise führten zu einer Einschränkung bei Förderung und Exploration

Bergbaukonzerne halten sich bei der Exploration zurück: In die Erschließung neuer Vorkommen zu investieren, ist durch Umweltauflagen zum einen komplizierter und teurer geworden, zum anderen ist die Bereitschaft zu einer entsprechenden Investition aufgrund der schwachen Preisentwicklung fast ins Nichts gesunken.

Ein plötzlicher Nachfragesprung kann für einige Zeit nicht mit einem steigenden Angebot ausgeglichen werden. Die Preise steigen.

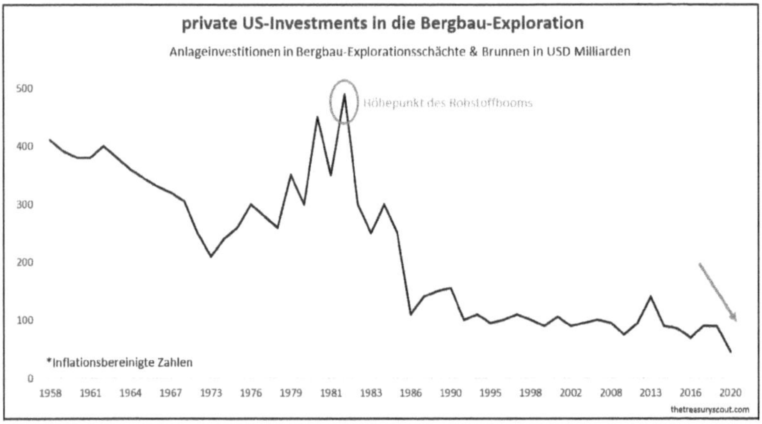

Historisch niedrige Investitionen in die Rohstofferschließung in den USA: Die USA verfügen über reichlich Rohstoffvorkommen. In den letzten Jahren der Rohstoffschwäche wurden die Investitionen deutlich zurückgefahren. Steigende Nachfrage trifft so auf ein reduziertes Angebot. (Quelle: www.thetreasuryscout.com)

Weil es noch unklar ist, wann genau Post-Corona beginnt, rechne ich in den ersten Monaten dieser Zeit mit einem Überraschungseffekt. Vor allem bei der Ölnachfrage ist, durch ein sprunghaftes Ansteigen der Beweglichkeit der Menschen, mit einer Steigerung zu rechnen. Die Ölstaaten werden träge auf die Nachfragesteigerung reagieren. Steigende Preise lassen ihre Einkünfte schließlich sprudeln.

Es gibt mehr freie Liquidität denn je und die Bereitschaft, diese auch auszugeben

Konsumenten sind auch nur Menschen. Aktuell sind es Menschen, die seit einem guten Jahr teilweise recht massive persönliche Einschränkungen hinzunehmen hatten. Bei manchen kam zusätzlich Angst dazu. Beide Tatsachen belasten die Ausgabebereitschaft. Fallen Restriktionen weg und schwindet die Angst, werden Menschen erleichtert reagieren und ihre freie Liquidität auszugeben beginnen, die auf dem Konto angesichts steigender Preise immer weniger wert wird. Dies wird die Nachfrage nach Waren und Dienstleistungen deutlich beleben und in der Folge zu weiteren Verknappungen und damit zu Preissteigerungen führen.

Steigende Rohstoffpreise sind die logische Folge stärkerer Nachfrage

Aus meiner Sicht ist gut nachvollziehbar, warum zum einen die Nachfrage steigen wird, zum anderen in der Folge die Preise anziehen. Dies hat noch größere Konsequenzen, weil das auch Nebeneffekte für die Börsen zur Folge haben wird.

Die nachfolgende Grafik zeigt, wie ein einziges Unternehmen den Wert mehrerer hundert Unternehmen überflügelt. Es zeigt auch, wie einseitig sich viele Anleger in Tech-Aktien der USA positioniert haben. Die Börsen Europas und Asiens sind als Ganzes gegenüber jenen der USA zurückgeblieben. Was aktuell an den Börsen geschieht, nimmt die Gestalt einer Manie an. Ich rechne damit, dass viele erfolgreiche Titel der letzten Jahre in den kommenden Jahren weniger gute Kursentwicklungen erreichen werden.

Klassische Werte wie Energie- und Rohstoffaktien werden wieder mehr Gewicht erlangen, weil die Konsumenten wieder mehr reale Ware und Erfahrung nachfragen werden.

Es ist praktisch, auf digitale Güter zurückgreifen zu können, wenn dies erforderlich ist, etwa wenn während Lockdowns alles andere verboten ist. Es ist aber absehbar, dass haptische Erlebnisse und Erfahrungen stark nachgefragt werden, wenn der Zwang zur Unterlassung wegbricht. Es ist keine Frage, ob diese Entwicklung eintreten wird, sondern nur in welchem (massiven?) Ausmaß sie erfolgen wird. Ich rechne in den kommenden beiden Jahren mit recht erheblichen Auswirkungen – sowohl auf unser Leben als auch im Hinblick auf die Folgen an den Börsen.

Zeiten des Umbruchs in den Anlegerpräferenzen sind Zeiten der Turbulenzen und der Chancen

Im Folgenden zeige ich eine Reihe von Grafiken, die darlegen, wie hoch die Börsen, vor allem in den USA, aktuell bewertet sind. Der US-amerikanische Aktienmarkt ist in den vergangenen zehn Jahren zum bevorzugten Standort für Börseninvestitionen geworden. Dabei sind die Kurse US-amerikanischer Werte besonders seit der Steuerreform Donald Trumps stark gestiegen. Dies hatte zur Folge, dass Anleger in den USA und international ihre Geldanlagen relativ einseitig in den USA getätigt haben, was sowohl die Börsen als auch den US-Dollar stark ansteigen ließ.

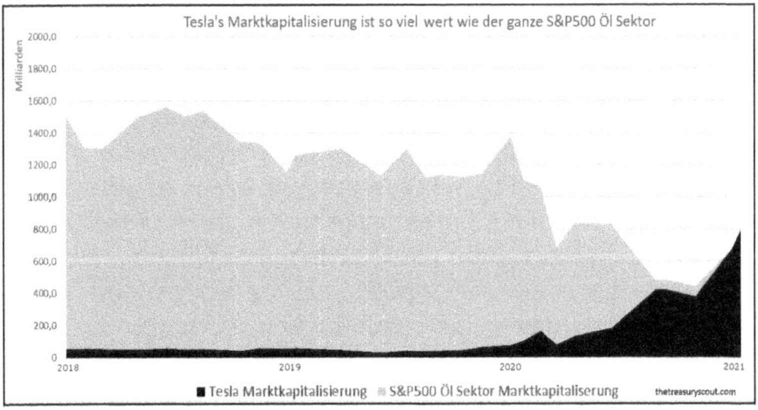

Energieaktien USA im Vergleich zu Tesla: Die USA sind ein großes Land mit großen Ölgesellschaften. Tesla produziert aktuell hingegen im Jahr so viele Autos wie Volkswagen in drei Wochen! (Quelle: www.thetreasuryscout.com)

S&P 500, DAX und Eurostoxx 50: Erst mit der Steuerreform von Trump hob der S&P 500 ab – bis dahin war die Kursentwicklung mit dem DAX vergleichbar! (Quelle: www.sungard.com)

Die Outperformance der amerikanischen Börsen war erst in den letzten beiden Jahren signifikant und ist aufgrund der gewinnsteigernden Wirkung der Steuerreform 2018 und der dadurch ausgelösten Kaufmanie amerikanischer Aktien im In- und Ausland zu erklären. Letzteres trug dazu bei, dass US-Dollars gekauft wurden, um damit in US-amerikanischen Wertpapiere zu investieren. Es hat sich Anfang 2021 gezeigt, dass diese Aktien-Manie in den USA seltsame Blüten treibt. Die Neobroker Reddit und Wallstreetbets wurden weltbekannt für das Aufbegehren gegen Wall Street-Hedgefonds.

Dennoch muss man feststellen, dass die bereits im Kapital 2 angesprochene Manie um Gamestop und andere eine Besonderheit darstellen. Denn aktuell ist die Börsenstimmung so euphorisch, dass das Ausmaß von Leerverkäufen historische Tiefststände erreicht hat. Das ist ein Zeichen dafür, dass sich Short-Seller in der allgemeinen Euphorie blutige Finger geholt haben und ihre Aktivitäten zurückfahren, bis wieder ein »normales« Marktumfeld dafür herrscht.

Shorts auf Aktien in den USA: Die Leerverkäufe bei Aktien sind ähnlich gering wie zur Jahrtausendwende! (Quelle: www.goldmansachs.com)

Die Bewertung von Aktien ist aktuell extrem. Dies ist vor allem in den USA der Fall, die mehr als 60 Prozent der Börsenkapitalisierung der Welt auf sich vereinen, was bei einem Gewicht der USA von rund 23 Prozent des Welt-BIP lächerlich hoch ist.

Sind alle Aktien teuer? Nein! Aber dass Aktien in den USA oft sehr teuer sind, ist eine Realität. Dabei haben sich Anleger in den vergangenen Jahren immer stärker auf wenige Sektoren und hier auf immer weniger Aktien konzentriert oder sie haben, wie Gamestop oder Xerox zeigten, auch »Untergangskandidaten« abgefeiert.

Ein langfristig sinnvoller, aber kaum für das Timing einer Baisse einsetzbarer Indikator für die Standortbestimmung der Börsen ist der sogenannte Warren-Buffett-Indikator. Hier wird gemessen, wie stark die Aktien eines Landes beziehungsweise die Aktien der Welt in Prozent des Bruttoinlandsproduktes bewertet sind. Werte über 100 deuten dabei auf eine Börsenübertreibung hin.

Warren-Buffett-Indikator USA: So hoch wie heute waren amerikanische Aktien noch nie bewertet! (Quelle: www.finanzwoche.de)

Es ist gut erkennbar, dass der Index, der den Börsenwert mit dem BIP vergleicht, auf einen neuen Rekordwert gestiegen ist. Es ist auch nicht verwunderlich, dass viele Börsenexperten herbeieilen und betonen, dass an der Aktie als Investment kein Weg vorbeiführt und dass daher weiterhin davon auszugehen sei, dass die Börsen steigen.

Aus meiner Sicht ist der Grundgedanke richtig, doch zweifle ich massiv daran, dass Anleger die Erwartung hegen dürfen, dass die kommenden Jahre

- weitere deutliche Anstiege der Technologieaktien bringen werden,
- ein Wechsel der Anlegerpräferenzen ohne starke Schwankungen erfolgen wird,
- ein Wechsel der Anlegerpräferenzen ohne Folgen für die Währungsentwicklung bleiben wird.

Das Bewertungsniveau von Aktien ist im Gesamtmarkt enorm hoch und wird nur von sehr wenigen Aktien getragen

Wenn man eines von den Amerikanern lernen kann, dann ist es eine Wertschätzung für ihren Fanatismus im Hinblick auf Statistiken: »To put things into perspective.«

Die Börsenhausse der vergangenen Jahre war eine durch einseitigen Kapitalstrom in die USA gelenkte Investition. Die Besonderheit dabei besteht darin, dass nicht der gesamte US-Markt davon profitierte. Nur sehr wenige Aktien waren für diesen Anstieg ursächlich, um schlussendlich den Gesamtmarkt mitzureißen, der diesen starken Kapitalzufluss gar nicht verdient hätte.

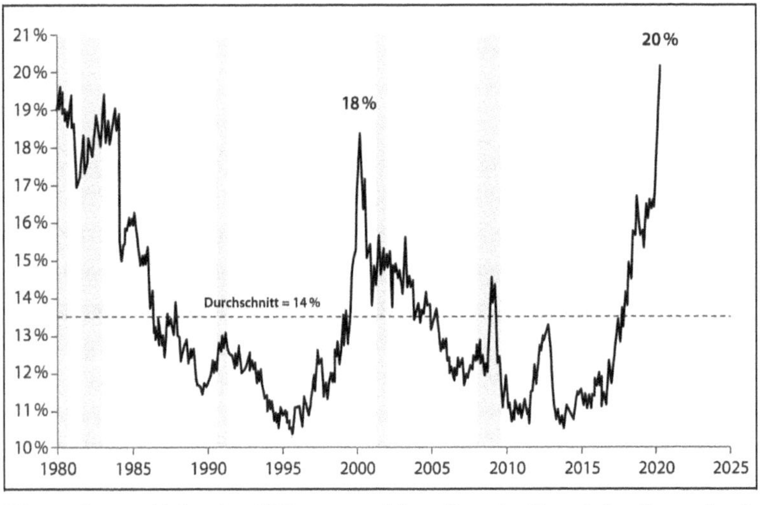

Die größten 5 Aktien im S&P 500 erreichen fast ein Viertel der Gesamtkapitalisierung – rechnet man Nr. 6 und 7 dazu, erreicht man 30 Prozent Anteil! (Quelle: www.themarket.ch)

Für Bigtech kommt es zu höheren politischen Risiken

Wir konnten Anfang 2021 einiges über Bedenken politischer Entscheidungsträger lesen. In Polen (neue Gesetzesvorlage), Australien und Großbritannien zeichnen sich bereits erste konkrete Schritte ab, die das Geschäftsmodell von Bigtechs beeinflussen und damit die künftige Gewinnentwicklung dämpfen werden.

Auch Europa will in dieser Frage aktiv werden. Aufgeschreckt durch den Maulkorb gegenüber Präsident Trump durch Twitter und Facebook erkennen Politiker Handlungsbedarf. Diese Eingriffe erfordern eine sensible Balance. Die Bigtechs sind ein wichtiges Instrument in der Auseinandersetzung mit China. Sie dürfen aber auch nicht vor sich hin wuchern und die etablierten Eliten verdrängen. Es besteht hierbei eine wechselseitige Abhängigkeit, auch die Mehrzahl der Menschen anzuleiten. Das lässt sich durch Social Media viel einfacher und günstiger bewerkstelligen als über andere Kanäle. Ich rechne alles in allem nicht mit erheblichen Einschränkungen für die großen Technologiefirmen, aber auch nicht mit gänzlich unkontrolliertem Wachstum in der Zukunft.

Die hohe Bewertung an den Börsen ist vor allem ein Thema amerikanischer Aktien und hierbei vor allem ein Thema von sehr wenigen hoch **bewerteten Unternehmen.**

Aktienpreise sind das Resultat von Hochrechnungen zukünftiger Erträge. Auch kleine Einbußen bei der Berechnungsgrundlage können erhebliche Folgen für die Aktienbewertung haben. Es sind, wie gesagt, nicht die Zinsen, die demnächst für einen starken und nachhaltigen Preisrückgang sorgen werden, auch wenn Aktien besonders hoch bewertet sind. Die Handlungen der Notenbanken und regulatorische Einflüsse werden an Bedeutung zunehmen. Weil das mittlerweile vielen Menschen klar ist, kommen die Kurse der sehr großen Technologieunternehmen seit dem letzten Sommer nicht mehr recht vom Fleck.

Apple ist aus gutem Grund das erfolgreichste Unternehmen der Welt. Ob es nachhaltig so wertvoll sein und bleiben kann, steht auf einem anderen Papier. Die Bewertung des wertvollsten Unternehmens der Welt erscheint mir deutlich abgehoben.

Facebook, Alphabet, Netflix und Apple: Diese vier Aktien sind nicht mehr im Aufwärtsgang, obwohl die Börsen insgesamt noch gestiegen sind. (Quelle: www.sungard.com)

Ich rechne in den kommenden Jahren nicht mit einem uneingeschränkten Börsenwachstum für die Bigtechs, dafür aber mit einem Revival der Old Economy!

Machtverschiebung an der Börse: Deutschlands und Italiens Börse sind in etwa so viel wert wie Apple. (Quelle: www.thetreasuryscout.com)

Deutschland und Italien haben gemeinsam etwa 145 Millionen Einwohner. Apple bringt es auf 147.000 Mitarbeiter. Deutschland und Italien bringen es gemeinsam auf ein Bruttoinlandsprodukt von 5.850 Mrd. Euro, Apple erzielt einen Umsatz von 230 Mrd. Euro. Erscheint es logisch, dass die kumulierten Börsenbewertungen von Deutschland und Italien mit all den Unternehmen und Millionen von Mitarbeitern gleich hoch bewertet sind wie Apple? Ich kann den Produkten von Apple viel abgewinnen. Ich war aber auch einmal ein treuer Kunde von Nokia. Die Investition in Apple erschien zunächst großartig – und war in den vergangenen 20 Jahren ausgesprochen sinnvoll. Aber selbst für Apple wird die Luft in den kommenden Jahren dünner. Den Ertrag künftig zu steigern, erfordert erheblich mehr Investitionen und vielleicht auch neue Produktfelder, in denen aber auch mehr Risiken lauern. Ich zweifle daran, dass Apple die Gewinndynamik der vergangenen zehn Jahre halten kann, und dementsprechend bin ich der Meinung, dass es attraktivere, deutlich geringer bewertete Unternehmen gibt, die in den kommenden Jahren in den Fokus der Anleger rücken können.

Betrachten wir einen wesentlichen Verbraucher von Energie, Amazon (Betreiber großer Serverfarmen und Logistikunternehmen), dessen Bewertung höher ist als die Börsenwerte aller globalen Energieunternehmen der Welt. Auch das macht mich nachdenklich.

Machtverschiebung an der Börse – Amazon versus Energieunternehmen global: Fraglos ist Amazon ein tolles Unternehmen. Aber es ist bedeutend weniger wert als alle globalen Energieunternehmen zusammengenommen. Die Börsenbewertung will uns allerdings etwas anderes weismachen. (Quelle: www.thetreasuryscout.com)

Verhältnisgrafiken sind hilfreich, um die gegenwärtigen Bewertungen darzustellen. Sie sind aber nicht geeignet, ein punktgenaues Timing für Veränderungen der Anlegerpräferenz zu liefern. Die Überbewertung und die Einseitigkeit der Positionierung bestehen nun schon seit einiger Zeit. Sie kann sich auch noch fortsetzen. Eines ist aber nicht zu diskutieren: Alles, was noch an Wertentwicklung dazu kommen könnte, hat nichts mit besonders ausgeprägten und weiter erwarteten Gewinnsteigerungen zu tun, sondern vermutlich mit einer Nachfrage aus unbedachter Gier. Ich gehe davon aus, dass diese Gesamtumstände auch den großen Kapitalanlagesammelstellen bekannt sind und dass diese zeitnah eine Repositionierung vornehmen werden, zumindest die smarten unter ihnen.

Das Geld wird nicht von den Börsen abfließen. Die Einseitigkeit bei der Allokation wird aber reduziert werden. Die USA bleiben der wichtigste Wertpapiermarkt der Welt. Der amerikanische Markt wird aber nicht mehr als einzig interessanter Aktienmarkt im Fokus stehen.

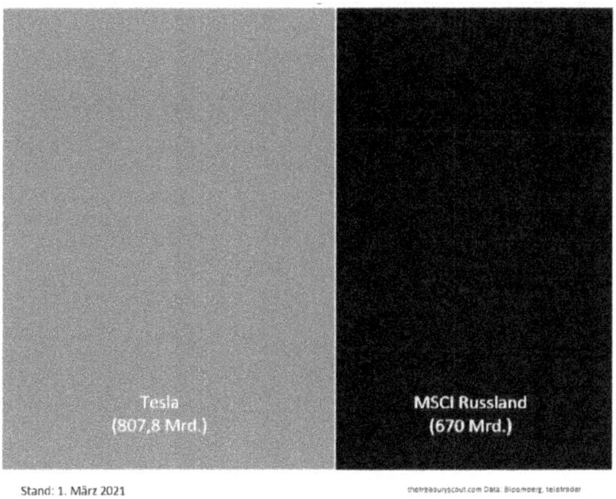

Machtverschiebung an der Börse – Tesla versus MSCI Russland: Auch Tesla ist ein tolles Unternehmen, aber es ist bedeutend weniger wert als alle russischen Unternehmen zusammengenommen. Die Börsenbewertung macht uns allerdings etwas anderes weis. (Quelle: www.thetreasuryscout.com)

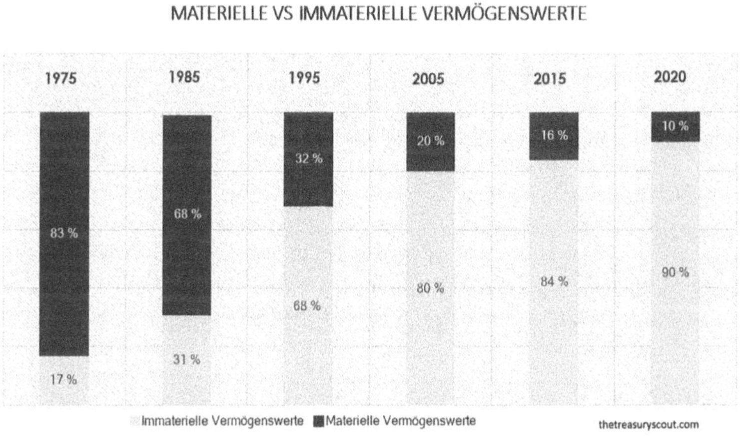

Reale Werte in der Bilanz und immaterielle Vermögenswerte: Immaterielle Vermögenswerte bestehen in Markenwert, Softwarelizenzen und Goodwill. **Goodwill ist letztlich heiße Luft.** Software kann ersetzt werden, und der Markenwert folgt dem Bestehen der anderen beiden Komponenten. (Quelle: www.thetreasuryscout.com)

Wir leben in einer Blase, das ist auch angenehm, weil wir dadurch von der Realität abgeschottet werden. In der Blase lebt es sich recht angenehm und schick – das gilt so lange, bis sie platzt.

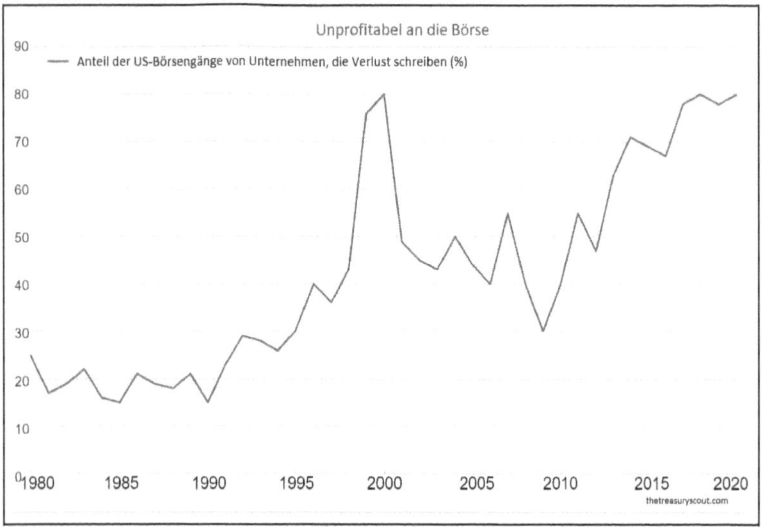

Zu viele Unternehmen, die Verluste schreiben, drängen an die Börse: Wenn Anleger nur noch von Gier getrieben werden, kaufen sie alles, dessen sie habhaft werden können. Ob diese Aktien dann Gewinne bringen oder pure Hoffnungswerte sind – das ist einerlei. (Quelle: www.thetreasuryscout.com)

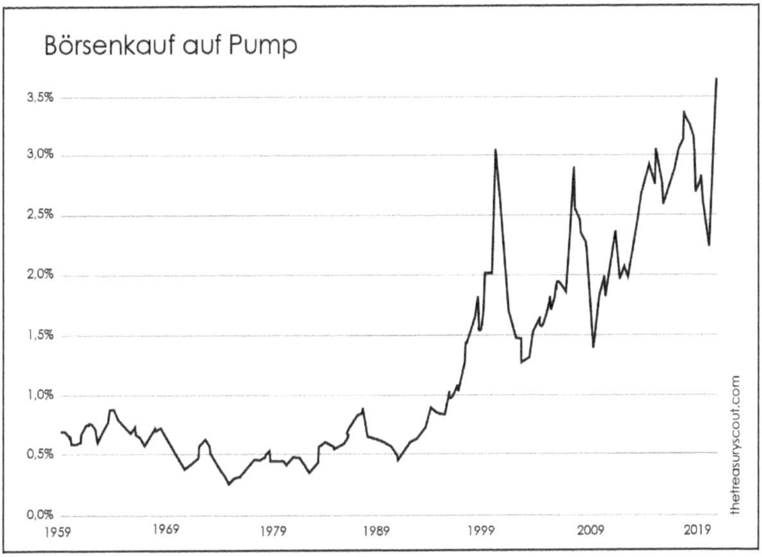

Börsenkäufe auf Pump in Prozent des BIP: Wenn die Gier überwiegt, schweigt die Angst. Für mich ist die Gier auch die Angst, etwas zu verpassen. Dadurch kommt es immer wieder zu spekulativen Übertreibungen, die immer gleich enden: mit Schmerzen. (Quelle: www.thetreasuryscout.com)

Tiefe Zinsen und offene Schleusen der Notenbanken ergeben noch keine Garantie für ewiges Indexwachstum.

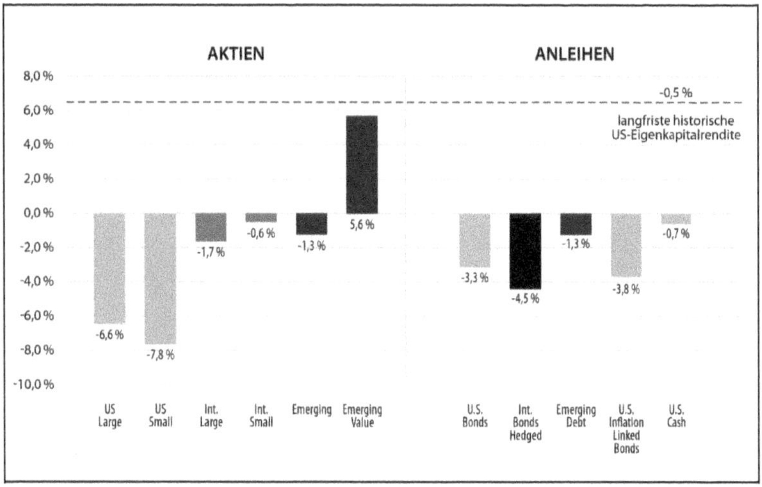

Mäßige Aussichten für Indexwachstum: Unter Berücksichtigung der erwarteten Inflation in den USA rechnet einer der größten amerikanischen Vermögensverwalter in den kommenden sieben Jahren mit negativen Renditeaussichten in fast allen Anlageklassen! (Quellen: www.gmo.com, www.thetreasuryscout.com)

Aus der Sicht des Vermögensverwalters GMO ist es in den kommenden Jahren nicht möglich, positive Realrenditen zu erzielen. Ich rechne mit Gewinnmöglichkeiten in mehreren Bereichen bei oft wechselnden Anlegerpräferenzen, die man mitmachen muss, um Erträge erzielen zu können. Der Gesamtmarkt wird aber, wenn diese Einschätzung zutrifft, nicht nachhaltig nach oben treiben, sondern sogar verlieren.

Der ETF-Hype wird an seine Grenzen gelangen

Bei steigender Flut werden alle Boote gehoben. In der Zeit, die vor uns liegt, wird es nicht dazu kommen. Ich rechne mit einer längeren Phase ohne Gesamtmarktflut, auch weil es regional wie sektoral zu großen Verschiebungen kommen wird. In den vergangenen zehn Jahren hat die Bedeutung von börsengehandelten Fonds (ETFs) sehr stark zugenommen. Medien und die Finanzmarktaufsicht haben diese Vehikel nach der Finanzkrise stark beworben, weil diese kostengünstiger sind als aktiv verwaltete Fonds. Dies ist zwar richtig. ETFs sind bedeutend billiger als aktiv verwaltete Fonds. Dabei ist der Geldbranche zudem der Vorwurf zu machen, dass 80 Prozent der angeblich aktiv verwalteten Fonds eigentlich passiv verwaltete (benchmarkorientierte) Fonds mit hohen Spesen sind. Hier erscheint es angebracht, den Sinn solcher Investments zu hinterfragen.

Daraus aber abzuleiten, dass ETF-Investments die einzig rationale Handlungsweise sind, ist weder korrekt, noch für die 2020er-Jahre empfehlenswert, weil davon auszugehen ist, dass die Börsen vor großen Änderungen bei den Anlegerpräferenzen stehen, die Gesamtindizes aber auf der Stelle treten. Wie die Indizes selbst investieren auch ETFs in die am höchsten kapitalisierten Werte. Wer glaubt, durch ein Investment in den S&P 500 eine breite Streuung zu erfahren, irrt insofern, als nur sieben der 500 Aktien insgesamt 30 Prozent des Indexwertes ausmachen. Das ist fein und mag als Strategie überlegen sein, solange diese sieben Aktien stärker steigen als die übrigen 493 Aktien. Dreht sich die Präferenz aber, wirkt der Kurskatalysator in der Folge wie ein Brandbeschleuniger. Die sieben großen Aktien haben eine allzu große Bedeutung und bremsen die Indexentwicklung in der Folge aus.

ETFs waren richtig für die 2010er-Jahre – sie sind es aber nicht in den 2020ern

Es ist auch in den letzten 20 Jahren für gute, wirklich aktive Investoren möglich gewesen, die Indizes zu schlagen. Einer der bekanntesten und nicht einmal der beste aktive Investor war in dieser Zeit Warren Buffett mit seinem Unternehmen Berkshire Hathaway.

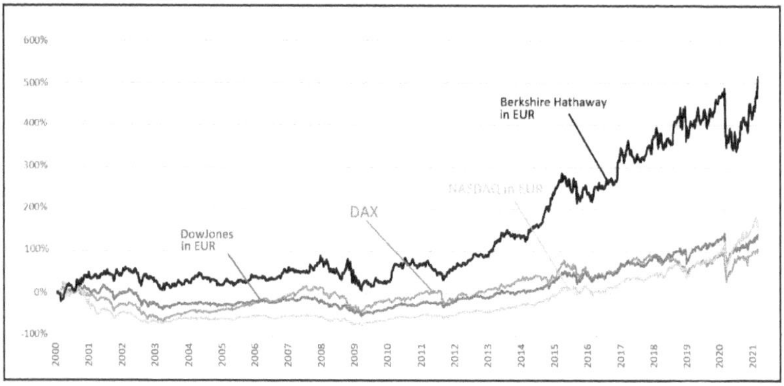

Gute aktive Verwaltung schlägt eine Indexanlage klar: Warren Buffett ist ein klassischer Value-Investor! Der Einbruch zum Anfang des Jahrtausends ging spurlos an ihm vorbei. Selbst die Finanzkrise 2008/2009 verlief milde. Er kauft, was er versteht, und das hat mit Gewinnen und Cash-Flows zu tun. Alle Kurse sind in Euro gerechnet! (Quelle: www.thetreasuryscout.com)

Meiner Erwartung nach stehen wir vor einer ähnlichen Anlagephase wie im Jahr 2000. Ich erwarte dabei nicht, dass Technologiewerte wie damals 80 Prozent ihrer Bewertung verlieren werden. Ich rechne aber mit zunehmender Unattraktivität des breiten Techmarktes. Weil die Technologiewerte die Indizes dominieren wie kaum je zuvor, sind die Anlageaussichten auch mit stark schwankenden Aktienanlagen ziemlich trübe. Ich halte es für ausgeschlossen, dass man mit dem Kauf eines ETFs, der in den letzten 20 Jahren leicht erkennbar schon nicht die beste Anlagewahl war, für die Zukunft, die vor uns liegt, ohne Aufwand einen hohen Ertrag erzielen wird.

Die 2020er sind für passive Investoren eine trübe Zeit – *Nie wieder Zinsen 2.0*

Die Auseinandersetzung des Westens mit China wird hohe Investitionen auslösen, doch werden davon andere Branchen und Unternehmen profitieren als in den vergangenen Jahren. Für die kommenden Jahre sollten mit der von mir erwarteten wirtschaftlichen Erholung vor allem der Energie- und Rohstoffsektor sowie die Emerging Markets von einem globalen wirtschaftlichen Aufschwung profitieren. Dies geht zulasten der Tech-Märkte, die heute übertrieben hoch bewertet sind. Die Börsenindizes können fallen, wenn die Bonanza in den Techs endet. Bedeutsam ist dies auch für die weitere Entwicklung des US-Dollars, der in der Vergangenheit bei Anstiegen der Rohstoffpreise regelmäßig stark unter Druck geriet. Auch Maschinenbauer, Logistiker, Spediteure und Batteriehersteller werden gewinnen. Das gilt ebenso für spezialisierte Maschinenbauer und, wie ich vermute, auch Werften (wegen der Umstellung der Antriebe auf Wasserstoff und andere alternative Antriebsquellen anstelle von Schweröl).

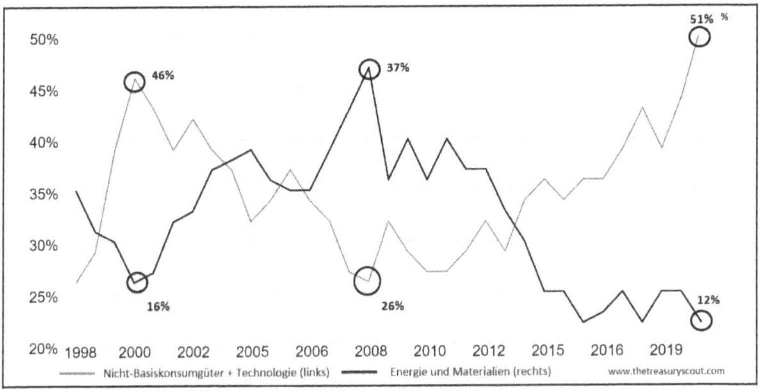

Inverse Korrelation zwischen Rohstoff- und Technologieaktien: In der Vergangenheit verhielten sich die beiden Sektoren beinahe perfekt gegengleich! Die besonders einseitige Ausrichtung vieler Anleger in Technologieaktien, die wir heute feststellen, wird sich reduzieren. (Quelle: www.thetreasuryscout.com)

Ich rechne Post-Corona stark mit einer Verschiebung der Anlegerpräferenzen in Bereiche, die in den letzten Jahren zurückgeblieben sind und in denen sich ebenso nachvollziehbar Angebotsknappheit etablieren wird, was wiederum Aktien im Rohstoffsektor begünstigen und den US-Dollar schwächen sollte.

Am Beginn einer Zeitenwende ist es schwer, an diese zu glauben

In aller Regel schreiben wir Entwicklungen in die Zukunft fort. Bis die Mehrheit der Marktteilnehmer von der Veränderung überzeugt ist, muss schon sehr viel passiert sein. Wie in diesem Kapitel aufgezeigt, besteht das Potenzial für eine solche grundlegende Änderung. Ich erwarte eine solche mit überwältigender Wahrscheinlichkeit für die kommenden Jahre. Dies halte ich auch deshalb für wahrscheinlich, weil zur gleichen Zeit eine historisch seltene, geopolitische Zeitenwende anbricht, in der ein bislang 400 Jahre lang dominierender angelsächsisch geprägter Westen einen Wachwechsel zur neuerlichen chinesischen Führung verhindern oder zumindest bremsen will.

Der geopolitische Konflikt wird langfristig auch belastende Folgen haben. In den kommenden Jahren rechne ich jedoch mit überwiegend positiven Folgen für die Wirtschaft und die Rohstoffmärkte.

10. Überlegungen zur Umsetzung einer praktischen Anlagestrategie

Nullzinsen auf dem Sparbuch und eine versteckte individuelle Inflation der persönlichen Ausgaben, die stark von der offiziellen Inflationsrate von derzeit nahe Null abweichen kann, bedeuten auf lange Sicht eine sichere Geldentwertung – und dies bei bestehendem Ausfallsrisiko (durch Insolvenz) der Bank, bei der das Sparbuch eröffnet wurde, zumindest soweit es jene über die gesetzliche Einlagensicherung übersteigenden Einlagen betrifft.

Man kann in einem solchen Umfeld nur gewinnen, wenn man beweglich bleibt und keine Scheu hat, alle Anlageklassen zu benutzen und die Gewinne zum passenden Zeitpunkt zu realisieren. Das ist aber viel leichter gesagt als getan. In den meisten Fällen funktioniert Markttiming nicht. Viele Prognosemodelle versagen, und auch alte, zuverlässige charttechnische Signale entpuppen sich heute zunehmend als Fehlsignale. Die Eingriffe der Notenbanken tun das ihre, um das Investieren zum Hauptberuf werden zu lassen.

Aus meiner Sicht erscheint es bei aller Unsicherheit, die vor uns liegt, weiterhin sinnvoll, eine wirklich breitgestreute Anlagestrategie zu verfolgen. Bevor ich hier in die Tiefe gehe, fasse ich einige wesentliche Prämissen zusammen, die ich vorstehend im Buch behandelt habe:

1. Die Notenbanken werden weiterhin Geld drucken, aber nicht pausenlos – die Pausen werden für die Börsen und Emerging-Markets-Währungen zur Belastung, wie früher Zinserhöhungen.
2. Der geopolitische Konflikt des Westens mit China lässt eine Atempause oder eine Rückkehr zu konservativer Geldpolitik nicht mehr zu, die hohen Schulden verlangen nachhaltig tiefe Zinsen.
3. Die Post-Corona-Wirtschaft und der Konflikt mit China ändern die Bedürfnisse der Staaten und ihrer Eliten, was die wirtschaftliche Ausrichtung betrifft. China und seine Unternehmen stellen eine Bedrohung dar für die westliche Gesellschaft und Wirtschaft. Die Eigenversorgung mit Gütern des täglichen Lebens rückt in den Vordergrund, Produktionsbetriebe bekommen wieder mehr Gewicht.
4. Die Produktion in den Westen zurückzuholen, wird nur gelingen, wenn Automatisierung und Digitalisierung vorangetrieben werden. Das wichtigste Ziel ist dabei aber Energieautarkie und auch die Eigenversorgung mit landwirtschaftlichen Gütern.
5. Anleihen sind in den 2020er-Jahren kein lohnendes Investment. Real, sprich, nach Abzug der Inflation, ist in sicheren Anlagen in jedem Fall ein Verlust zu erwarten.
6. Weil immer mehr Geld gedruckt wird, werden die Schwankungen größer, was noch mehr Klugheit im Anlageprozess erfordern wird als in der Vergangenheit.
7. Zinsschwankungen wird es geben, sie werden aber nur in einem geringen Ausmaß erfolgen, weil die Verschuldung zu weit fortgeschritten ist, um hohe Zinsen zuzulassen.
8. Das Regelwerk für Banken wird wieder aufgeweicht werden. Zum einen ist es zu umfangreich und rigide geworden, zum anderen brauchen die Staaten kreditwillige Banken, um die wirtschaftliche Herausforderung durch China zu bewältigen.
9. Je flexibler die Anlage ist, desto eher werden positive Erträge möglich.
10. Wer denkt, dass Währungsentwicklungen keinen großen Einfluss auf das Anlageergebnis hätten, wird eines Besseren belehrt werden.

11. Edelmetalle sind auch Rohstoffe, noch dazu solche, die geldwerten Charakter aufweisen.
12. Die Zukunft der Crypto Tulips ist ungewiss, vermutlich sprechen wir hier aber nicht von einer nachhaltigen Erfolgsstory.
13. Im Übrigen gelten meine Überlegungen aus den Kapiteln 8 bis 10 in meinem ersten Buch *Nie wieder Zinsen* weiterhin. Sie haben sich als ebenso bestandskräftig erwiesen wie die Entwicklung des darauf basierenden Musterportfolios, das Mitte 2018 aufgelegt wurde.

KANZ DEPOT

Veranlagungsart	Bezeichnung	Stück / Nominale	Einstand	Aktuell	Unrealisierter Kursgewinn in [€]	Unrealisierter Kursgewinn in [%]
Anleihen	6% EBRD 25.07.2023	20.000.000	281.110 €	227.749 €	-53.362 €	-18,98%
	Swisslife 0,25% 2023	200.000	CHF 198.800	CHF 202.600	-1.958 €	-1,04%
	ComStage 10Y US-Treasury Future Short	1.000	76.116 €	79.816 €	3.700 €	4,86%
	Commerzbank Bund-Fut. Double Short	2.500	65.450 €	66.490 €	1.040 €	1,59%
	iShares IV PLC China CNY Bond	15.000	63.678 €	68.357 €	4.678 €	7,35%
Aktien	Glencore	40.000	90.963 €	148.180 €	57.217 €	62,90%
	Nornickel	2.500	51.249 €	74.893 €	23.644 €	46,14%
	Comstage ETF Gold Bugs	7.000	85.897 €	175.000 €	89.103 €	103,73%
	HSBC MSCI Russia Capped UCITS	20.000	202.300 €	224.040 €	21.740 €	10,75%
	AMS AG	8.000	89.760 €	138.760 €	49.000 €	54,59%
	Equinox Gold	11.500	112.574 €	82.420 €	-30.155 €	-26,79%
	MAG Silver	3.500	54.882 €	64.745 €	9.862 €	17,97%
	Bayer AG	3.000	158.430 €	159.030 €	600 €	0,38%
	Ishares FTSE 100 ETF	20.000	144.080 €	162.320 €	18.240 €	12,66%
Edelmetalle	db Physical Gold Euro hedged ETC	2.000	181.056 €	246.140 €	65.084 €	35,95%
	db Physical Silver Euro hedged ETC	3.000	303.306 €	512.020 €	208.714 €	68,81%
	db Physical Platinum Euro hedged ETC	3.000	162.033 €	210.600 €	48.567 €	29,97%
Alternatives	EUR/USD September Future	-	0 €	0 €	0 €	#DIV/0!
	Vates Parade	1.500	175.451 €	188.160 €	12.709 €	7,24%
	Finex Barclays Tradable Russian Bond ETF	25.000	271.250 €	265.750 €	-5.500 €	-2,03%

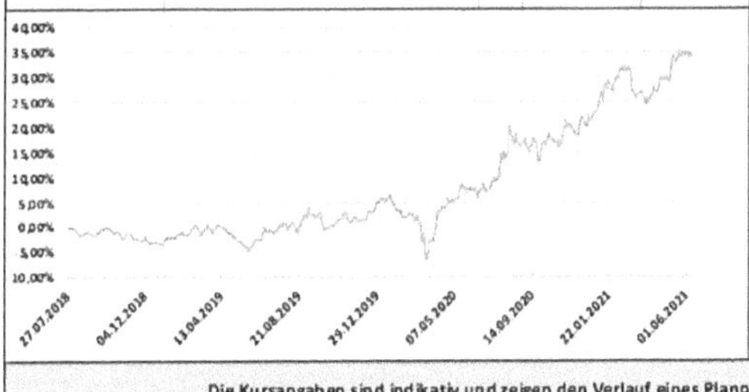

Volumen IB	3.901.029 €
YTD	8,4631%
Vereinbarter Betrag für Vermögensverwaltung	2.900.000 €
Max Draw Down	-11,54%
net. Performance since incept	34,52%
Profit/Verlust in EUR	1.001.029 €
Honorar 0,80% p.a. mit quartalsweiser Zahlung	
Honorar Q1/2021 exkl. UST	7.802 € 02 €
20 % UST	1.560 € 60 €
Honorar Q1/2021 inkl. UST	9.362 € 62 €

Die Kursangaben sind indikativ und zeigen den Verlauf eines Planportfolios auf, das für Kunden umgesetzt wird.

Mein Musterportfolio: Die Grafik zeigt den Wertverlauf nach Kosten in den vergangenen drei Jahren an. Meine Erkenntnis, die ich im Jänner 2020 gewann, dass Corona eine große Bedeutung erlangen wird, hat mich nachträglich Sicherungen für die Kursentwicklung einbauen lassen, die ich Ende April wieder beendete. Die nachfolgende Erholung der Märkte fiel kräftig aus, weil ich den US-Dollar als Risikoquelle erkannt und eliminiert hatte.

Ich habe schon vor vier Jahren empfohlen, eine breite Anlagestrategie zu verfolgen. Weil die meisten Investoren in Immobilien überinvestiert sind, habe ich in diesem Portfolio keinerlei Immobilieninvestments vorgesehen. Im Rahmen der Alternative Quote kann es in Zukunft aber sinnvoll werden, über Immobilienaktien auch wieder in Immobilien zu investieren. Wenn Sie mehr als ein Drittel Ihrer Vermögenswerte in Immobilien investiert haben, rate ich auch heute dazu, die Investitionen darin deutlich zu reduzieren. Sinken die Zinsen nicht weiter, wird es für Immobilien kein großes Preiswachstum geben können. Die Inflation wird nur bedingt dazu führen, dass der Wert der Immobilien weiter so stark steigen kann, wie wir das in den letzten drei Jahrzehnten als Selbstverständlichkeit wahrgenommen haben. Es ist denkbar, dass es weitere Mietpreisbremsen gibt, die den Ertrag und damit auch den Wert der Immobilienanlage belasten.

Produktives Kapital fließt in Bereiche, die im Wettstreit mit China benötigt werden. Bei sinkender Bevölkerungszahl sind den Immobilienpreisen zusätzlich Grenzen gesetzt. Ich bin nach wie vor kein Feind der Immobilieninvestition. Noch leben in Österreich und Deutschland zu viele Menschen in Miete. Da besteht noch einiges Potenzial für die eigengenutzte Immobilie. Als Anlagethema halte ich Immobilieninvestments aber nach wie vor für fragil. Allenfalls bieten sich asiatische REITSs an, weil deren Bewertung zum Teil günstig, die Renditen hoch und die Demographie ansprechend ist.

Was wurde aus dem KANZ-Ansatz? Kapitalanlage im Nullzinsumfeld

Ich habe in *Nie wieder Zinsen* die KANZ-Strategie formuliert, die ich auf den folgenden drei Seiten als Reprint biete.

Das Portfolio ist anfänglich in vier gleich große Teile zu gliedern. Es umfasst alle wesentlichen liquiden Anlagethemen.

- 25 Prozent Aktien
- 25 Prozent Anleihen

- 25 Prozent alternative Investments
- 25 Prozent Edelmetalle

Jedes Jahr wird das Portfolio am Jahresbeginn wieder auf die 25 Prozent-Verteilung »rekalibriert«. Dabei werden Gewinne mitgenommen und verlustreiche Investments mit einem Cost-Average-Effekt ermäßigt.

Wer optimal vorgehen will, sollte bereit sein, auch innerhalb eines Jahres die eine oder andere Anpassung vorzunehmen. Mehr dazu ganz zum Schluss dieses Kapitels.

1. Gliederung der Aktieninvestition

Im Aktienbereich werden konsequent die schlechtesten Aktienmärkte des Vorjahres zu Beginn des Folgejahres gekauft. Es ist selten, dass Aktienmärkte in zwei aufeinanderfolgenden Jahren fallen. Sollte dies dennoch geschehen, ist ein drittes Verlustjahr extrem unwahrscheinlich. 50 Prozent der Aktienquote investiert man in den schlechtesten Aktienmarkt des Vorjahres im Spektrum der großen entwickelten Staaten (DAX, NIKKEI, S&P 500; EUROSTOXX 50). Weitere 50 Prozent der Aktienquote investiert man in die vier schlechtesten Märkte im Rest der Welt. Dies machen Sie in den ersten 14 Tagen des Monats Januar!

Aktien aus Märkten, die im Vorjahr gut gelaufen sind, werden zu Beginn des Folgejahres konsequent verkauft. Diese Gewinnmitnahme fördert die Wahrung von Kapital in schwierigen Zeiten. Dies kann schon ein Gewinn von 5 Prozent sein, wenn andere Börsen im abgelaufenen Jahr deutlich negativ performt haben. Natürlich kann ein Ertrag im zweistelligen Bereich als Verkaufsgröße angestrebt werden. Dies wird jedoch nicht in jedem Jahr erreichbar sein, auch wenn in Märkte investiert wurde, die hohes Erholungspotenzial aufweisen.

Welche Überlegungen stecken hinter diesem Vorgang?

Wenn ein Aktienmarkt massiv unter die Räder geraten ist, ist die Wahrscheinlichkeit gering, dass dieser Markt überteuert ist. Die Wahrscheinlichkeit, dass die im abgelaufenen Jahr zu beobachtende Abstrafung für wirtschaftliche oder politische Probleme zu überzogen war, ist hoch. Damit gibt es auch Potenzial für eine Rückkehr zu normalen Bewertungsmaßstäben, was dann mit hohen Gewinnen verbunden sein kann. Gleichermaßen ist die Gewinnmitnahme bei gut gelaufenen Märkten ein Schutz vor dem Abzug der großen Kapitalflüsse aus diesen Märkten. Weil in einem Nullzinsumfeld langfristig keine Erträge mit einer einzigen Anlageidee zu erreichen sind, muss man nach einem guten Jahr bereit sein, eine Anlageidee wieder fallen zu lassen.

Was tun, wenn ein Aktienmarkt wider die Regel zwei Jahre hintereinander schwach ist?

Im Unterschied zu einem Einzelaktieninvestment ist der nachhaltige Niedergang eines Aktienmarktes bis hin zum Totalverlust unwahrscheinlich, wenn nicht ausgeschlossen.

Ist ein an sich billiger Aktienmarkt in einem zweiten Verlustjahr noch billiger geworden, bleibt man nicht nur im betreffenden Aktienmarkt investiert (zu 25 Prozent), sondern erhöht die Aktienquote sogar noch um 15 Prozentpunkte auf insgesamt 40 Prozent (gleichgewichtet auf alle fünf Subindizes). Dies passiert, indem man Anleihen, Edelmetalle und Immobilien/alternative Investments nur noch zu 20 Prozent gewichtet.

Es ist unwahrscheinlich, dass es ein drittes Verlustjahr gibt. Die Erholung nach zwei Verlustjahren kann umso größer sein, weshalb eine Aufstockung sinnvoll erscheint, um diese sich bietende Möglichkeit zu heben. Diese Aufstockung sollte in der Regel gleichgewichtet auf alle fünf Aktienmärkte erfolgen, oder auf jene, die einem ausgeschiedenen, besonders gut gelaufenen Aktienmarkt folgen.

Aber Achtung: Sollte es zu einem politischen Radikalwechsel gekommen sein (etwa statt einer Demokratie ein Regime à la Nordkorea eingerichtet werden), ist die Umsetzung dieser Strategie nicht empfehlenswert!

2. Gliederung der Anleiheninvestition

Ich habe darauf hingewiesen, dass es zum einen unwahrscheinlich ist, dass die Zinsen in absehbarer Zeit stark steigen, zum anderen habe ich betont, dass Anleihen zurzeit keinen Zins abwerfen.

Eine Investition in Anleihen, die keinen Zins abwerfen und bei auch kleinen Zinserhöhungen Verluste bringen, ergibt im Grunde keinen Sinn. Aber: Trotzdem können noch Sondersituationen eintreten, die sinkende Zinsen zur Folge hätten. Das wäre beispielsweise bei einem Crash der Aktienbörsen der Fall. Dann würden institutionelle Investoren verstärkt in Anleihen umschichten.

Daher kann und sollte man auf eine Anleiheninvestition nicht verzichten.

Weil die Zinsen negativ sind oder bei null liegen, sollte man seine Investitionsbereitschaft für alle Anleihenklassen offen halten. Dazu gehören neben Staatsanleihen der sichersten Kategorie auch Unternehmensanleihen verschiedener Risikostufen, sowie Emerging-Markets-Anleihen oder Hochzinsanleihen in Emerging-Markets-Währungen.

Bei den Anleihen ist eine Zweiteilung vorzunehmen.

75 Prozent der Anleihenquote gehen 2021 in Staats- und Unternehmensanleihen sicherer Emittenten großer Währungen. 25 Prozent wandern in Unternehmensanleihen mittlerer und guter Bonität und Emerging-Markets-Anleihen. Bei guten Unternehmensanleihen sollte man als Anleger aus dem Euroraum vor allem europäische Titel erwerben, aber auch hier kann man ausländische Währungsemissionen beimischen:

50 Prozent der »sicheren Quote« gehen in chinesische Yuan-Anleihen. Der Yuan ist eine unterbewertete Währung. Die chinesische Nationalbank agiert sehr konservativ. Bei steigenden Rohstoffpreisen darf der Yuan steigen, weil dies die Binneninflation in China eindämmt. Dabei muss man zurzeit auch kein Laufzeitenrisiko tragen. Die Zinskurve in China ist flach, das bedeutet, dass kurzlaufende Anleihen etwa gleichhohe Zinsen bieten wie langlaufende Anleihen in Yuan. Die Verzinsung in Yuan beträgt aktuell 3,25 Prozent.

Je 25 Prozent sollten 2021 in Anleihen Australiens und Russlands investiert werden. Diese Länder zahlen zumindest ein bisschen Zins und verfügen über reiche Rohstoffvorkommen. Diese Tatsache kann in den kommenden Jahren bei einem tatsächlich einsetzenden Zyklus der Investitionen in Infrastruktur dazu beitragen, dass auch die Währungen in diesen Ländern an Wert gewinnen. Als Portfoliobeimischung ist es jedenfalls ein Streuungsbeitrag, der im Ganzen das Risiko senkt. Die Durchschnittsrendite in Anleihen im australischen Dollar und im russischen Rubel liegt bei 2,5 Prozent. Die Verzinsung der Anleihenquote beträgt also im Schnitt ca. 2,85 Prozent. Das ist gar nicht so wenig und reicht aus, um eine positive Realrendite zu erzielen. Zusätzlich sehe ich für alle drei Währungen in den kommenden Jahren Aufwertungschancen (bitte beachten Sie im nachfolgenden Kapitel über alternative Investments, dass die Korrelation dieser Währungen mit dem Euro beachtet und aktiv verwaltet werden muss).

Bei der Anleihen-Risikoquote geht es um die Erzielung von Zinserträgen und Währungskursgewinnen.

Die Investition sollte 2021 dabei zur Hälfte in Unternehmensanleihen guter Bonität aus der Schweiz in Schweizer Franken erfolgen und zur anderen Hälfte in Emerging-Markets-Anleihen (unter anderem auch in Lokalwährung). Im Hinblick auf den Schweizer Franken erwarte ich, dass er vor einem weiteren starken Aufwertungsschub steht (vgl. Kapitel 11). Für Emerging-Markets-Währungsanleihen spricht, dass viele Schwellenländer rohstoffreich sind und von dem von mir beschriebenen Szenario für die kommenden Jahre profitieren können. Wiederholte Risk-off-Perioden müssen dabei aber ebenso beachtet werden wie lokale politische Probleme. Die Emerging-Markets-Quote sollte erst in der zweiten Jahreshälfte investiert werden.

Agiert man bedacht und zum richtigen Zeitpunkt, sind hohe Zinserträge möglich, aber auch Wertanstieg durch nachfolgende Zinssenkungen und Aufwertungen der Währungen. Diese Investition (Schweizer Franken plus Emerging-Markets-Währungen) sollte eine Rendite von durchschnittlich 5 Prozent Zinsertrag ergeben.

Kursschwankungen können dabei in beide Richtungen höher als 5 Prozent sein. Mit der geringen Investitionsquote in diesem Bereich in diesem Jahr trage ich dem Umstand Rechnung, dass es hier erhöhtes Risiko gibt, das bei Erscheinen des Buches vermutlich schlagend zu werden beginnt.

3. Gliederung der Edelmetallquote

Edelmetalle sind nicht nur physisch gut zu greifen, sie bieten auch Schutz vor systemischen Risiken und sind nicht beliebig vermehrbar. Sie sind zugleich Rohstoffe und geldwerte Anlageinstrumente.

Es bestehen bei dieser Anlageklasse auch Risiken, vor denen man sich mit Aktien oder Anleihen ebenso wenig schützen kann. Edelmetalle sind der Menschheit seit Jahrhunderten aber vertraut und begehrt und bieten damit ein hohes Maß an Sicherheit.

Auch bei Edelmetallen ist die Streuung der Investition ratsam, weil Gold, Silber, Platin und Palladium ebenfalls unterschiedlichen Zyklen unterliegen. Innerhalb dieser Anlageklasse rate ich auch zu einer Gleichgewichtung und zu Anpassungen, wie sie bei Aktien vorgenommen werden.

Grundsätzlich bekommen alle vier Metalle dasselbe Gewicht. Sollte es in einem Jahr zu größeren Verlusten bei einem Edelmetall kommen und zu Gewinnen bei anderen, so werden die Gewinne in das zurückgebliebene Edelmetall umgeschichtet, bis es wieder einen Basisanteil von 25 Prozent hat – dies erfolgt, wie bei den Aktien, zu jedem Jahresbeginn aufs Neue!

Sollte es in zwei aufeinanderfolgenden Jahren bei einem Metall zu einem bedeutenden Rückstand gegenüber anderen Metallen gekommen sein, wird im darauffolgenden Jahr sein Anteil auf 40 Prozent innerhalb der Edelmetallquote erhöht. Die besonders erfolgreiche Entwicklung eines Edelmetalls in den Vorjahren führt zu einer entsprechenden Herabstufung bei der Investition. Auch nach einer unbefriedigenden Entwicklung wäre nach beispielsweise zwei sehr schlechten Jahren davon auszugehen, dass es in einem dritten Jahr bedeutend bessere Aussichten für das Metall gibt, was eine Höhergewichtung rechtfertigt.

4. Gliederung der Quote für alternative Investments

Im Normalfall sind vermögende Personen sehr stark in Immobilien investiert – zumeist im eigenen Land, vor allem in der eigenen Stadt. Dies ist dem Grunde nach auch richtig, weil Immobilieninvestitionen sehr viel Know-how benötigen, auch in Rechtsfragen. Da sollte man mit direkten Investments nicht unbedingt weit abschweifen.

Sollten Sie, liebe Leserinnen und Leser, noch keine Immobilien besitzen, empfehle ich, einen Teil Ihres Gesamtvermögens auch in Immobilien zu investieren. Ich rate dies nach einem Investmentansatz zu tun, welcher nicht nur regionale Sicherheit sucht, sondern auch demographisch interessante Regionen berücksichtigt. Hierzu bieten sich Instrumente wie REITs (Real Estate Investment Trusts) an oder Fonds, die in Immobilienaktien investieren. Meiner Meinung nach sollte hier vor allem in börsennotierte REITs in Asien investiert werden. Dort passt die Demographie noch, wodurch die Nachfrage zum Selbstläufer wird.

Hedgefonds sind eine Anlageform, die längerfristig andere Anlageentscheidungen treffen, als Investoren es konventionell tun. Dazu gehören klassische Hedgefonds und computergesteuerte Anlageformen.

Als alternative Investments ratsam erscheinen an dieser Stelle sogenannte CTAs (computergehandelte Fonds), aber auch Fonds mit Global-Macro-Ansatz (dem ich selbst das höchste Ertragspotenzial zubillige).

Für mich selbst kommen innerhalb dieser Quote auch besondere Anlagestrategien im Bereich der Anleihen zur Anwendung.

In der Quote für alternative Investments bringe ich außerdem Anlagen unter, welche helfen, Risiken abzudecken, die sich bei der Kapitalanlage außerhalb des eigenen Landes bilden. Ich spreche hier vor allem von Währungsrisiken, aber auch von Zinsrisiken. Beide lassen sich mit Derivaten begrenzen. Ob man dabei zu Futures, Devisentermingeschäften, CFDs oder Optionsscheinen greift, hängt vom Anlagevolumen und von den Kenntnissen ab, die man als Investor hat.

Sie werden im Nullzinsumfeld, in dem wir leben, keine ansprechende und risikoschonende Wertentwicklung erreichen, wenn Sie diese Instrumente nicht integrieren. Bei fallendem US-Dollar sind viele Finanzinstrumente in den kommenden Jahren unattraktiv oder werden zu Verlustbringern. Eine umsichtige Kapitalanlage unterschätzt den Einfluss der Währungsentwicklung nicht und beachtet dabei auch Korrelationen und deren Effekte. Diese sind beispielsweise für Investitionen in den russischen Rubel, in den Yuan (China) oder brasilianischen Real zu beachten, deren Wertentwicklung im Verhältnis zum Euro durch die Wechselkursentwicklung von EUR/USD beeinflusst wird.

Haben Sie keine Angst vor Derivaten. Setzen Sie diese zielgerichtet ein, um Ihre Wertpapieranlagen korrekt zu schützen.

Edelmetallinvestments

Ich habe in *Nie wieder Zinsen* darauf hingewiesen, dass wir in Anbetracht langfristig tiefer und möglicherweise leicht steigender, beziehungsweise schwankender Zinsen auf tiefem Niveau unsere grundsätzliche Sichtweise auf Edelmetallinvestments ändern müssten. Bis 2017 war es üblich, und das gilt heute bei den meisten Vermögensverwaltern noch, Edelmetallen ein Gewicht von maximal 5 Prozent im Portfolio zu geben.

Ich empfahl 2017 die Erhöhung der Edelmetallquote in Portfolios auf 25 Prozent. Dies hat einen sehr positiven Effekt.

Wertsteigerung: 80,93 %

Eine Investition in den MSCI World als weltweit gestreuten Aktien-ETF hat in dieser Zeit umgerechnet in Euro einen Ertrag von rund 40 Prozent erbracht (ohne Handelskosten, Depotgebühren und Steuern zu berücksichtigen). Amerikanische Aktien haben hier besonders stark zum Wertertrag beigetragen.

Ein Edelmetallinvestment hat in derselben Zeit, gerechnet in Euro, einen Ertrag von rund 65 Prozent eingebracht (der US-Dollar ist um rund 10 Prozent gefallen). Auch wenn die Kosten für den

Kauf und das Halten von Aktien-ETFs deutlich geringer sind, ist in den vergangenen vier Jahren ein Überertrag mit Edelmetallen erreicht worden. Außerdem verläuft die Preisentwicklunng bei Edelmetallen zwar nicht völlig unkorreliert zu den Aktienmärkten, doch entwickeln sich die Kurse ausreichend unterschiedlich, um einen positiven Einfluss auf die Portfolioentwicklung auszuüben.

Zusammenfassend kann ich sagen: Die 2017 von mir ausgesprochene Empfehlung hat sich sowohl hinsichtlich des Ertrags als auch hinsichtlich des Risikos im Portfolio bezahlt gemacht.

Ich bleibe für Edelmetalle auch für die kommenden vier Jahre optimistisch

Sowohl die langfristige Entwicklung von Aktienkursen als auch diejenige von Rohstoff- und Edelmetallpreisen sind zum einen eine Funktion von Angebot und Nachfrage, zum anderen folgen die Preise der Geldmengenentwicklung. Der Preisanstieg der vergangenen vier Jahre war für Edelmetalle erheblich, vor allem bei Palladium, Rhodium und Silber, die als Industriemetalle nachfragesensitiv reagieren.

2021 und folgende Jahre: Warum die Entwicklung der Green Economy ein Fall für Platin ist

Platin ist jenes Metall gewesen, das in den letzten vier Jahren am schwächsten abgeschnitten hat. Palladium hatte die stärkste Wertentwicklung durchgemacht (übertroffen nur durch Rhodium aufgrund der besonderen Knappheit dieses Metalls). Platin wurde vor allem in Dieselkatalysatoren verbaut, Palladium in Benzinern. Die Nachfrage nach Diesel sank, ebenso die Nachfrage nach Platin, während Palladium verstärkt nachgefragt wurde.

Erst 2020 begann Platin zu steigen und erreichte zuletzt ein Plus von knapp 18 Prozent in Euro seit März 2017, als mein Buch *Nie wieder Zinsen* veröffentlicht wurde.

Platin wird jetzt auch coronabedingt zu wenig produziert, um die steigende Nachfrage bedienen zu können. Sollte die Wasserstofftechnologie zum Durchbruch kommen, wird die Nachfrage nach Platin jäh ansteigen, ohne dass das Angebot zeitnah erhöht werden könnte. Die Entwicklung wird zeigen, ob ich mit dieser Erwartung richtigliege. Sie hängt aber davon ab, dass die Wasserstofftechnologie in den kommenden zehn Jahren tatsächlich massiv erforscht wird und dass erfolgreich an industriell umsetzbaren Konzepten für Mobilität, industrielle Stromversorgung und Lagerbarkeit für eine jederzeitige Verfügbarkeit gearbeitet wird. Der Preis für Platin, das in diesem Bereich benötigt wird, könnte dann einen sehr großen Sprung nach oben machen. Ich gehe nicht davon aus, dass er die Dimensionen der Teuerung von Rhodium annehmen wird (siehe Grafik unten), völlig ausschließen würde ich dies aber auch nicht.

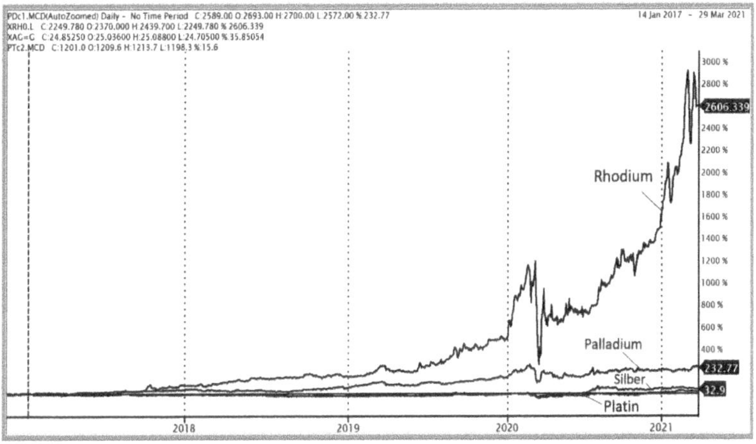

Edelmetalle: Die Preisentwicklung der Edelmetalle war generell stark. Die Preiseruption von Rhodium zeigt, was passiert, wenn starke Nachfrage auf ein unelastisches Angebot trifft. Ähnliche Entwicklungen sind für Silber und Platin denkbar. (Quelle: www.sungard.com)

Aktuell liegt der Preis von Platin bei rund 65 Prozent des Preises von Gold. Langfristig lag der Preis für Platin bei rund 150 Prozent des Goldpreises. Das allein würde eine Preissteigerung von rund 150 Prozent bedeuten, vorausgesetzt, der Goldpreis steigt nicht weiter, wovon ich aber auch nicht ausgehe. Auch Gold wird vor dem Hintergrund dauerhaft offener Geldschleusen weiter steigen.

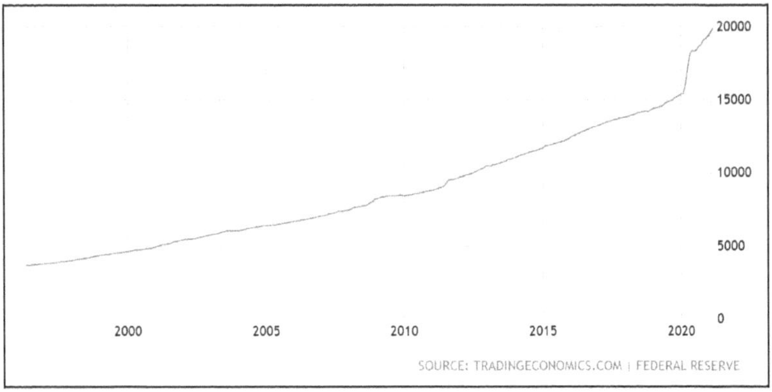

Geldmenge M2 USA: Seit 1987 steigt die Geldmenge in den USA immer stärker an! **Die Geldmenge M2 hat sich in den USA von 1987 bis heute versiebenfacht.** (Quelle: www.tradingeconomics.com)

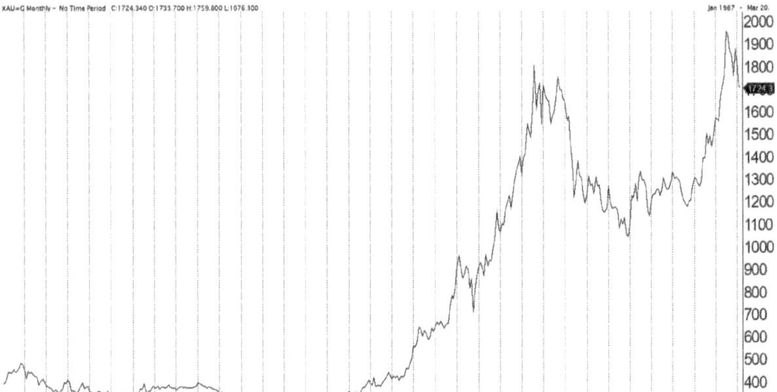

Goldpreis in US-Dollar 1987 bis heute: Der Goldpreis blieb bis 2004 schwach. Danach hat er zu steigen begonnen – **1987 bis heute hat sich der Goldpreis vervierfacht.** Ich sehe hier noch Potenzial im Vergleich zur versiebenfachten Geldmenge, die weiter ausgedehnt werden wird. (Quelle: www.sungard.com)

Der Zusammenhang zwischen Geldmengenentwicklung und Goldpreis entfaltete recht lange keine Wirkung. Dies deutet meiner Meinung nach darauf hin, dass die Geldmengenentwicklung keine Rückschlüsse auf ein perfektes Timing für die Edelmetallentwicklung bietet. Es ist aber auszuschließen, dass die Öffnung der Geldschleusen durch die Notenbanken langfristig folgenlos bleibt. Deswegen verspricht der vertikale Anstieg der Geldmenge, wie er seit Ausbruch der Corona-Krise praktiziert wurde, längerfristig viel im Hinblick auf die weitere Edelmetallpreisentwicklung.

Das gilt generell auch für die Entwicklung der Preise von Rohstoffen, die ihrer Natur nach knapp sind. Sie sind und können nur unter Aufbietung hoher finanzieller, maschineller und personeller Investitionen gefördert und verarbeitet werden. Wenn Geld beliebig vermehrt werden könnte, könnten Rohstoffpreise auch immerwährend preisstabil bleiben. Ich sehe in der beliebigen Vermehrung der Geldmenge eine Garantie für langfristig steigende Preise bei Edelmetallen.

Die Geldmengenexplosion durch die Corona-Krise ist für mich ein Garant dafür, dass die Edelmetallpreise nicht unter dauerhaften Preisdruck geraten können. Ich rechne im Gegenteil mit nachhaltig steigenden Preisen, auch weil es sich für die meisten Edelmetallförderer durch den Preisdruck in den Jahren 2013 bis 2017 nicht lohnte, in neue Exploration und in die Erschließung von Minen zu investieren, und weil es auf absehbare Zeit Verknappungen des Angebots geben kann.

Alles in allem bin ich weiterhin bullish gestimmt für Gold, Silber und Platin. Palladium und Rhodium sind meiner Meinung nach im Jahr 2021 kein Muss-Investment.

Aktuell empfehle ich die Aufteilung der Edelmetallquote wie folgt:

- Gold 25 Prozent
- Silber 37,5 Prozent
- Platin 37,5 Prozent

Weißmetalle sind in Form eines Direktinvestments am besten in einem Zollfreilager zu erwerben. Aber auch der Kauf eines ETCs oder Alternativen Investmentfonds (AIFs) empfiehlt sich bei der Umsetzung des Investments.

Der Einfluss von Währungsentwicklungen auf das Anlageergebnis

Die untere dunklere Linie in der Grafik zeigt den Einfluss auf das Anlageergebnis eines durchgehend gleichgewichteten Edelmetallportfolios mit den vier Hauptmetallen (Gold, Silber, Platin, Palladium) in Euro mit angenommenen Kosten von 2 Prozent p. a. Die obere hellere Linie zeigt dieselbe Investition mit aktivem Währungsmanagement nach den Analysen des Treasury Scout mit 3,2 Prozent Kosten p. a. (Quelle: www.thetreasuryscout.com). Der Mehrertrag war trotz höherer Kosten erheblich und belief sich auf plus 350 Prozent!

Währungsschwankungen sind leicht einschätzbar – wenn es um grosse Bewegungen geht

Ich veröffentliche seit 1999 Einschätzungen zum US-Dollar. In der obenstehenden Tabelle sind unter der Kurslinie meine Analysen mit Balken gekennzeichnet, die seit 2002 auf eine Schwäche des US-Dollars hinweisen. Oberhalb der Kurslinie sind alle Analysen mit Balken gekennzeichnet, die auf eine Stärke des Dollars hinwiesen. Ich lag fast immer richtig, wenn es um eine mittel- und langfristige Einschätzung ging. (Quelle: www.thetreasuryscout.com)

Im Laufe der vergangenen 20 Jahre identifizierte ich in EUR/USD rund 40 Richtungswechsel. In aller Regel hatte ich sie korrekt und zeitnah (ein bis 18 Wochen vor der erwarteten Richtungsänderung) veröffentlicht. In 20 Jahren lautete meine Prognose 20-mal »Dollar steigt« und 20-mal »Dollar fällt«. Es ist weder Aktionismus noch häufiges Trading erforderlich. Wichtig ist es, den Basistrend korrekt zu bestimmen und im Übrigen die Entwicklung laufen zu lassen, auch wenn es einmal nicht sofort funktioniert.

Wer dies richtig umsetzt, kann erstaunlich hohe Zusatzerträge erzielen, die wir in den kommenden zehn Jahren als Chance benötigen werden, wenn wir eine positive Realrendite erreichen wollen. Das gilt für Aktieninvestments genauso wie für Edelmetallinvestitionen. Ganz besonders aber gilt dies für Anleiheninvestments.

Aktieninvestments

An Aktien führt im Nullzinsumfeld kein Weg vorbei. Diese Aussage hört man immer wieder aus den Marketingabteilungen der Fondsgesellschaften. Ich möchte nicht behaupten, dass dies generell falsch wäre. Aus meiner Sicht muss aber jeder in sich gehen, bevor er in Aktien investiert – vor allem, wenn diese Art der Kapitalanlage bisher nicht zum gewöhnlichen Anlageverhalten gehörte.

Ich habe einige zusätzliche Empfehlungen für Sie

- Trennen Sie sich von der Vorstellung, dass kostenlose Information etwas wert wäre. Nur weil alle Lemminge in dieselbe Richtung laufen, kann man trotzdem über die Klippe fallen.
- Kaufen Sie nicht bei jenen die Produkte, bei denen sie sich beraten lassen. Bezahlen Sie für gute Beratung ein adäquates Honorar und sparen Sie langfristig Geld durch Vermeidung von hohen Abschlusskosten und Bestandsprovisionen.
- Wenn Sie mehr als 500.000 Euro Vermögen haben, suchen Sie sich einen Vermögensverwalter Ihres Vertrauens. Sie ersparen

sich in der Folge die detaillierte Auseinandersetzung mit den Märkten und den Aufwand für die Durchführung der Portfolioüberwachung und -umstellung; das übernimmt der Vermögensverwalter für Sie.

- Träumen Sie nicht von extrem hohen Gewinnen, die in den letzten Jahren ja auch nur bei Einzelwetten möglich waren. Die Jahre, die vor uns liegen, bieten die Chance zu realem Kapitalerhalt – und mit einer Prise Glück und viel Fleiß ist etwas mehr drin. Diese Haltung bewahrt Sie vor Enttäuschungen und hohen Verlusten.
- ETFs haben in den vergangenen 20 Jahren gute Ergebnisse geliefert. Wirklich aktive Vermögensverwaltung ergibt aber einen Mehrwert, weil die Schwankungen in aller Regel besser kontrolliert und Klumpenrisiken vermieden werden. Erwarten Sie in den kommenden Jahren eine weniger befriedigende Wertentwicklung von ETFs im Vergleich zu guten aktiven Vermögensverwaltungen.
- Ignorieren Sie Währungsentwicklungen nicht – große Trends sind erkennbar und begründet. Lassen Sie nicht zu, dass ein Großteil des Ertragspotenzials der kommenden Jahre durch Nachlässigkeit brachliegt oder dass mögliche Gewinne vernichtet werden.
- Wenn Sie an einer nachhaltigen Anlageentwicklung ohne die hohen Schwankungen der Börsen interessiert sind, seien Sie offen für gut begründbare und sinnvolle Investments, die einen realen Kapitalerhalt bewirken.
- Setzen Sie auf Dividendentitel, aber nicht ohne das Marktrisiko und das Währungsschwankungsrisiko zu beachten. Dann sind auch in den kommenden Jahren hohe einstellige Erträge möglich.

Die Märkte sind teuer – aber das gilt nicht für alle Sektoren

Ich habe bereits weiter vorne ausgeführt und illustriert, dass die Märkte als Ganzes sehr teuer geworden sind. Es gibt aber Sektoren, die heute keineswegs als hoch bewertet betrachtet werden können. Nicht alle billigen Sektoren bieten große Chancen. Ich zweifle beispielsweise daran, dass Autohersteller ein brillantes Investment sein werden. Das Überangebot in der Herstellung ist groß. Die Margen werden in diesem Sektor nicht in den Himmel wachsen.

Die wichtigsten Aktiensektoren für die 2020er-Jahre

- Der Sektor der **Rohstoffaktien** kennt eine Reihe großer Unternehmen, die günstig bewertet sind und wohl auch in den kommenden Jahren nicht erheblich höher bewertet sein werden, wenn die Rohstoffpreise tatsächlich so stark und nachhaltig steigen, wie ich das erwarte. Die Aktienkurse werden im Zuge dessen steigen, ebenso die Dividendenzahlungen, das bedeutet aber nicht, dass die Bewertungen der Aktien dabei explosiv steigen werden (KGV, KBV). Falls dies doch geschähe, müsste man dies im Trendverlauf überprüfen und gegebenenfalls temporär auch mal Gewinne mitnehmen.
- **Energieaktien:** Hier sehe ich Gasproduzenten und unmittelbare Energieversorger und Netzbetreiber in einer guten Ausgangslage, weniger den Ölsektor. Vor 50 Jahren herrschte die Angst vor dem Ende der Ölförderung (Peak Oil). Das war Unsinn (wissenschaftlich gut begründeter Unsinn); wir verfügen nach wie vor über riesige Ölvorkommen. Tatsächlich könnten wir den Nachfragehöhepunkt überschritten haben. Sowohl die individuelle Mobilität als auch der Lkw- und Schiffstransport sind auf dem Weg zu alternativen Antriebsquellen und fallen noch in diesem Jahrzehnt als Nachfrager weitgehend aus, jedenfalls steigt die Nachfrage bei bestehendem Überangebot nicht.
- **Finanzaktien:** Ich erwarte in den kommenden Jahren ein Revival der Bankaktien, die 2021 noch unter Druck kommen könnten, wenn es COVID-bedingt doch zu vielen Insolvenzen käme. Für den Rest des Jahrzehnts finanzieren die Banken die Investitionen der Unternehmen und den Konsum der Verbraucher – bei voraussichtlich erleichterter Regulierung.
- **Infrastrukturunternehmen:** Es wird viel gebaut werden – Leitungen für Energie, Gebäude und Verkehrswege. Damit werden

Zementhersteller, Ziegelhersteller, Holzproduzenten und Baufirmen attraktive, üblicherweise dividendenstarke und relativ konservative Investments sein.

- Auch Edelmetallaktien bleiben attraktiv: Ich favorisiere **Silber- und Platinproduzenten, scheue vor Goldaktien** aber auch nicht zurück.

Weil ich in Währungen denke, betone ich, dass die Auswahl des richtigen Herkunftslandes bei Aktieninvestitionen wichtig sein wird

Einige Währungen sind heute deutlich unterbewertet gegenüber dem, was sie fundamental darstellen.

Ich erwarte eine starke Entwicklung russischer Aktien und des Rubels

Die größte Überraschung des Jahres 2020 war für mich, dass der Rubel zu den schwächsten Währungen gehörte. Für mich endete die Rubelstärke jedoch schon am 24. Februar 2020. Meine Indikatoren zeigten bei 71 EUR/RUB ein Ende der Rubelstärke an, die im Jahr 2019 vorherrschend gewesen war (der Rubel war 2019 von 80 auf 68 gestiegen).

Heute steht der Rubel bei 90 EUR/RUB. Auch Russland wurde von der Pandemie getroffen, doch statt wie der Westen neue Schulden aufnehmen zu müssen, hat Russland in die Staatsfondsschatulle gegriffen und die Kosten weitgehend daraus bestritten. Der Staat ist immer noch kaum verschuldet, und die einzige Erklärung für die Rubelschwäche ist, dass die Währung dem sinkenden Ölpreis folgte, der sich 2020/2021 stabilisierte. Der Rubel hat 2020 gut 30 Prozent an Wert eingebüßt. Ich traue dem Rubel zu, im kommenden Jahr um gut 10 Prozent zu steigen. Die weltwirtschaftliche Erholung wird die Rohstoffpreise positiv beeinflussen und damit auch den Rubel stärken.

Das positive Szenario, welches ich für die Weltkonjunktur erwarte, sehe ich auch im Hinblick auf eine Stabilisierung des Ölpreises, weshalb ich eine Investition in Gazprom eingegangen bin. Auch für Gazprom bin ich für das kommende Jahr sehr optimistisch. Die Ertragsprobleme durch den sinkenden Ölpreis halten sich durch die Abwertung des Rubels in Grenzen. Jede Besserung erhöht den künftigen Gewinn.

Fakten, die über eine künftige Aufwertung des Rubels sprechen

- Leistungsbilanzüberschüsse
- Handelsbilanzüberschüsse
- Geringe Neuverschuldung
- Stärkeres BIP-Wachstum als Schuldenwachstum
- Moderate Staatsverschuldung
- Moderate Unternehmensverschuldung
- Hohe Inflationsrate
- Investitionszunahme durch ausländische Investoren wie von regionalen Unternehmen
- Hohes Börsenwachstum
- Hohe Unternehmensgewinne in Lokalwährung
- Moderate Realrendite
- Hohe Verzinsung im langfristigen Schnitt

Ich erwarte eine starke Entwicklung australischer Aktien und des Australischen Dollars

Der Australische Dollar ist eine Rohstoffwährung mit ebenfalls sehr guten Fundamentaldaten. Australien bietet eine Reihe guter Finanztitel, Baukonzerne und vor allem große und viele kleinere Rohstoffunternehmen.

Fakten, die für eine künftige Aufwertung des AUD sprechen

- Leistungsbilanzüberschüsse
- Handelsbilanzüberschüsse
- Geringe Neuverschuldung
- Stärkeres BIP-Wachstum als Schuldenwachstum
- Moderate Staatsverschuldung
- Moderate Unternehmensverschuldung
- Hohe Inflationsrate
- Investitionszunahme durch ausländische Investoren wie von regionalen Unternehmen

- Hohes Börsenwachstum
- Hohe Unternehmensgewinne in Lokalwährung
- Hohe Realrendite
- Hohe Verzinsung im langfristigen Schnitt

Zehnjährige Staatsanleihen Australiens bieten knapp 1,7 Prozent Zinsen. Das ist nicht üppig, bei moderatem Inflationsrisiko und der Aussicht auf einen steigenden Währungskurs ist diese Rendite allerdings auskömmlich. Für mich sind australische Staatsanleihen aktuell dennoch nicht interessant, sie sind lediglich auf meiner Watchlist.

Anleiheninvestments

Generelle Aussicht für Anleiheninvestments

Bei 0 Prozent Zinsen oder Negativzinsen ist die Aussicht auf eine steigende Inflation und damit auch auf steigende Zinsen gegeben. Anleihenkurse profitieren von sinkenden Zinsen, sie steigen dann, wie in den vergangenen 40 Jahren (!) mit nur kurzen Unterbrechungen geschehen.

Für die kommenden Jahre sind nachhaltig weiter sinkende Zinsen nicht zu erwarten. Steigende Zinsen sind möglich. **Steigen die Zinsen, fallen Anleihenkurse – das ergibt eine grausige Kombination.** Statt risikolosem Zins gibt es zinsloses Risiko!

Wenn die Zinsen bei 0 Prozent sind und die Anleihenkurse fallen, sind Anleiheninvestitionen also **Investments mit Verlustgarantie**.

Ich trage mich aktuell nicht mit der Absicht, in den nächsten Jahren stark in Anleihen zu investieren. Allenfalls kann es interessant sein, kurzlaufende Unternehmensanleihen im Euroraum zu kaufen, wenn das Zinsniveau zumindest auf 1 Prozent gestiegen wäre. Dabei kommen für mich nur Unternehmen infrage, deren Geschäft von der Reflationierung profitiert. Dazu gehören voraussichtlich Banken, zumindest jene, die »too big to fail« sind (also zu groß, um sie in die Insolvenz zu schicken). Banken waren in den vergangenen Jahren ein zurecht verschmähtes Investment. Aus meiner Sicht sind sie aber heute bei weitem nicht mehr so toxisch, wie sie in den 2010er-Jahren zu sehen waren. Ich denke sogar, sie werden in den kommenden Jahren zu den relativ guten Sektoren gehören. Einen starken Impuls würde es für Kreditinstitute geben, wenn eine Lockerung der mittlerweile deutlich übertriebenen Regulierung der Banken einträte.

Hohe Erträge sind in einem Umfeld der Reflationierung so oder so nicht drin, außer man ist bereit, über den Suppentellerrand zu blicken und auch Risiken einzugehen, bewusst und umsichtig ausgewählt, können diese Anlagen aber sehr ertragreich ausfallen.

Wie kann man in Anleihen investieren und substanzielle Vorteile erzielen?

In Anleihen zu investieren mit dem Ziel, aus diesem Anlagesegment Erträge zu erzielen, wird in den kommenden Jahren eine Herausforderung sein. Mit Geduld und der Bereitschaft, Geld, das für dieses Segment vorgesehen ist, auch mal ruhig liegen zu lassen, lässt sich meiner Meinung nach in den kommenden Jahren aber auch mit diesem Anlagesegment Geld verdienen.

Dazu muss man auch mal andersherum denken. Wenn Zinsen allzu tief gesunken sind und die Aussicht auf steigende Inflationsraten besteht, kauft man Short-ETFs, das sind börsennotierte Fonds, die von steigenden Zinsen profitieren.

Weil ich mit diesem Szenario gerechnet habe, habe ich bereits im September 2020 einen **ETF auf steigende Zinsen** in den USA gekauft, der in der KANZ-Vermögenstabelle auf Seite 169 zu sehen ist. Mit diesem Investment ist kein Hauseck zu gewinnen, es ist eher eine kleine Versicherung für das Anleihensegment als eine große Ertragsquelle.

Ich halte es für sinnvoll, in **Staatsanleihen Chinas in Yuan** zu investieren. Zum einen bietet der Yuan rund 4 Prozent Zinsen, zum anderen halte ich die Währung für aufwertungsgeneigt. Die chinesische Nationalbank verfolgt eine sehr konservative Geldpolitik, und in Zeiten einer Reflationierung kann China ein Interesse daran haben, die Inflation tief zu halten; dazu würde eine moderate Aufwertung der eigenen Währung beitragen.

In noch geringem Umfang habe ich in eine **Anleihe der Swisslife in Schweizer Franken** investiert, weil ich, wie in Kapitel 11 beschrieben, mit einer weiteren starken Aufwertung des Frankens in den kommenden Jahren rechne. Der Beginn dieser Aufwertung ist kurzfristig jedoch noch nicht abzusehen. Die Position dient genauso der Beobachtung wie die Investition in die auch enthaltene **Rubel-Anleihe** der Europäischen Entwicklungsbank. Neben rund 7 Prozent Zinsertrag pro Jahr ergab sich aus Investments in Rubel-Anleihen auch ein durchschnittlicher Währungsertrag von 7 Prozent pro Jahr. Russland ist einer der Staaten, die von der Reflationierung der Wirtschaft (Erholung plus Inflationsanstieg) am meisten profitieren werden. Das wird auch der Rubel zeigen. Als klare Risk-off-Währung bietet der Rubel, zur falschen Zeit gekauft, erhebliches Schwankungspotenzial auch gegen das Interesse eines Anlegers. Das Timing für den Einstieg ist daher wichtig. Post-Corona rechne ich mit einer längerfristig robusten Entwicklung des Rubels. Spätestens ab Ende des dritten Quartals 2021 rechne ich aber mit einer nachhaltigen Rallye des Rubels – vor allem gegenüber dem US-Dollar. Ob es auch in den kommenden sieben Jahren 14 Prozent Ertrag pro Jahr geben wird? Ich weiß es nicht, halte es aber für möglich. Im Zuge einer breiten Emerging-Markets-Währungskrise kann aber auch der Rubel nochmals schwach werden. Volatilität kommt zurück, es ist gut, wenn man Risiko aktiv verwaltet.In den 2020-ern muss man sich Ertrag redlich verdienen. Es wird einem nichts geschenkt.

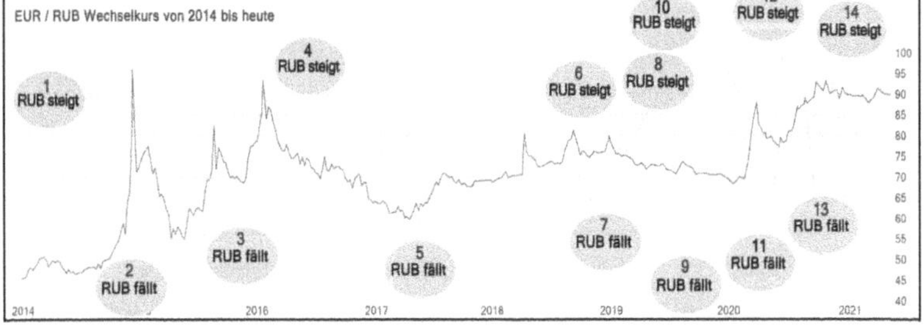

Meine Rubelanalysen der vergangenen 6,5 Jahre: Ich bin recht zufrieden mit der Ausbeute, die für gezielte Anleiheninvestments möglich war. (Quelle: www.thetreasuryscout.com)

Kann man unreflektiert in Emerging-Markets-Währungen investieren?

Bei der Investition in Risk-off-Währungen darf man heute Anleihen in indonesischer Rupie und brasilianischen Real ins Auge fassen. Dabei sind Bankanleihen in Lokalwährung oder Anleihen internationaler Körperschaften interessant, weil sie hinsichtlich Sicherheit und Liquidität den besten Mix bieten. Mit Blick auf die indonesische Rupie bin ich vorsichtig optimistisch, beim Real wird noch einiges geschehen müssen, damit ich bereit bin, in entsprechende Anleihen zu investieren. Im Idealfall kommt es zu einem Regierungswechsel. Präsident Bolsonaro ist alles in allem eine riesige Enttäuschung und zunehmend ein Problem für das Land. Nachhaltig steigende Rohstoffpreise können für Brasilien in den kommenden Jahren aber auch trotz Bolsonaro so etwas wie ein Jungbrunnen werden, weshalb ich empfehle, diesen Markt genau zu beobachten.

Abstinent bleibe ich von der Türkei, obwohl die Lira 19 Prozent Zinsen bietet. Das Risiko ist immer noch sehr hoch, sodass die Abwertung der Lira die vermeintlich attraktiven Zinsen übertreffen kann.

Alternative Investments

In diesen Bereich fallen Anlagestile, die oft in Form von Hedgefonds oder alternativen Investmentfonds (AIF) angeboten werden. Der Nachteil dieser Anlageformen ist, dass sie nur sehr wohlhabenden Investoren und Großinvestoren, wie Versicherungen, vorbehalten sind. Diesen Investoren traut der Gesetzgeber zu, zu verstehen, wie die Anlageklasse funktioniert und dass der Anleger nur einen klar abgegrenzten Teil seines Vermögens so investiert.

Auch hier ist der Weg über Vermögensverwaltung möglich, weil Vermögensverwalter von Gesetzes wegen als professionelle Anleger angesehen werden, die dann für ihre Kunden auch in kleinerem Umfang Investitionen in dieser Anlageklasse durchführen können.

Hedgefonds zu beschreiben ist als Kategorie ein eigenes Buch wert, weil es sehr viele unterschiedliche Arten von Hedgefonds gibt. Für mich die interessantesten Hedgefondtypen sind sogenannte CTAs und Global Macro Hedgefonds. Wenn Ihnen dieses Buch zusagt und Sie den Gedanken im Großen und Ganzen folgen können, haben Sie auch einen Eindruck gewonnen, wie der Manager eines Global Macro Hedgefonds denkt. Es sind sehr viele Komponenten für eine solche Anlagestrategie abzuwägen und laufend zu analysieren. Ich halte diese Herangehensweise für herausfordernd, aber auch für machbar. Für einen Individualkunden ist ein solcher Anlagestil aber definitiv nicht nachvollziehbar beziehungsweise kopierbar, weil er vielleicht sogar mehr als eine Vollzeitbeschäftigung ist, mehr schon eine Berufung sein muss.

Es gibt aber auch im Bereich der Publikumsfonds einzelne Anbieter, die Teile vom Spektrum eines Hedgefonds abdecken. So gibt es auch Anbieter von Aktienfonds, die eine aktive Risikosteuerung nach makroökonomischen Kriterien vornehmen. Dabei lassen sie Gewinne in starken Börsenphasen zu, kappen aber Verluste, wenn es abwärts geht. Damit lassen sich längerfristig vier bis sechs Prozent pro Jahr erzielen. Wenn Sie erwarten, dass das doch jeder Fondsmanager so machen sollte: Leider nein, die meisten haben zu wenig Kenntnisse, um solche Strategien umzusetzen.

Die meisten Fonds, die Sie heute kaufen können, bieten eine Indexabbildung oder -orientierung an. Eine aktive Risikosteuerung ist bei den wenigsten Fonds vorgesehen.

11. Die Schweiz steht vor dem nächsten Frankenschock

1.000 Mrd. Schweizer Franken

Die Bilanzsumme der Schweizer Nationalbank erreicht dieser Tage den Wert von 1.000 Mrd. Schweizer Franken. Ob Nationalbankpräsident Dr. Peter Jordan und seine beiden Vorstandskollegen in der Schweizer Nationalbank darin einen Grund zur Freude sehen, bezweifle ich sehr. Zum sechsten Jubiläum des Schwellenbruchs, den die SNB am 15. Januar 2015 auslöste, halte ich es für richtig, einen genauen Blick auf die Entwicklungen der vergangenen 15 Jahre zu werfen, ja sogar noch ein wenig weiter zurückzublicken. Für die Schweiz und den Schweizer Franken liegen wahrhaft interessante Zeiten vor uns. Ich habe vor acht Jahren festgestellt, der Franken werde über den Jordan gehen. Diese Wendung bedeutet üblicherweise zu sterben und bezieht sich auf den Fluss Jordan im biblischen Israel. Ich meinte das damals in Bezug auf die Frankenschwelle, die ab Herbst 2013 erkennbar zu bröckeln begann.

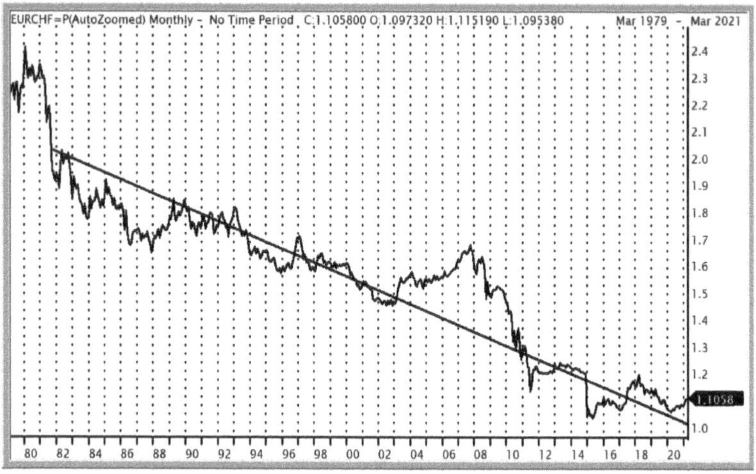

Schweizer Franken in Euro seit 1980: Sehr langfristig steigt der Franken klar an. Aktuell ist er im Trendverlauf unterbewertet. (Quelle: www.sungard.com)

Wie die obige Grafik klar zeigt, lag der Schweizer Franken im langfristigen Trend immer auf der starken Seite. Nur in der Zeit zwischen 1992 und 2008 bewegte er sich im Vergleich zum Euro kaum. In dieser Zeit verfestigte sich das Europäische Währungssystem, bis es durch den Euro Ende 1998 abgelöst wurde. Stabil blieb der Franken bis zum Beginn der Finanzkrise, die einen zuvor nicht erwarteten, nachhaltigen Kursanstieg beim Franken auslöste. Dadurch wertete der Franken am 15. Januar 2015 kurzzeitig um bis zu 45 Prozent auf – er beendete diesen Tag mit einer Aufwertung um rund 15 Prozent.

Der Aufstieg der Schweiz fusst auf günstigen Kapitalkosten

Die Ursache für den nachhaltigen Anstieg des Schweizer Franken liegt in der günstigen Entwicklung der Schweizer Volkswirtschaft im Vergleich – man kann sagen – zum Rest der Welt. Wie aus einem Bauernstaat der weltweit erfolgreichste Bankenplatz und Standort für Nahrungsmittelproduzenten, Luxusgüterhersteller und Maschinenbauer werden konnte, hatte vor allem einen Grund. Die Schweiz agierte vor und nach dem Zweiten Weltkrieg ohne falsche Scham mit dubiosen Geldern, profitierte von Steuerhinterziehung in aller Welt und profilierte sich als verschwiegener und vertrauenswürdiger Vermögensverwalter. Dies löste einen Kapitalfluss in die Schweiz aus, der dafür sorgte, dass die Liquidität in der Schweiz in höherem Maße und billiger zur Verfügung stand als anderswo auf der Welt.

Diese Tatsache kann man auch aus der Entwicklung der Inflationsraten im Vergleich zur EU ablesen, mit der es erst seit Einführung des Euros 1999 einen statistischen Direktvergleich gibt. In der Zeit zwischen 1960 und 2015 lag die Inflation in der Schweiz im Schnitt bei 2,5 Prozent. In Österreich lag die Inflationsrate 1960 bis 2015 im Schnitt bei 3,5 Prozent pro Jahr, also um gut 1 Prozentpunkt höher. In Spanien lag die Inflationsrate langfristig bei 5 Prozent, in Italien bei 6 Prozent, in den USA bei 4 Prozent. Neben der Attraktivität des Bankensektors waren also auch Investitionen in der Schweiz beliebt aufgrund der niedrigen Zinsen, veranlasst durch die im Vergleich geringere Inflationsrate. Dazu kam, dass die Schweiz sowohl landesintern als auch für Foreign Direct Investments attraktive steuerliche Bedingungen anbietet. Dies zog Weltkonzerne wie Glencore an, und auch Google schlug seine Europa-Zentrale nicht ohne Grund in der Schweiz auf.

Zusammenfassend: Die Schweiz bietet sehr viel Sicherheit, sehr viel Liquidität und ein sehr tiefes Zinsniveau und koppelt dies mit exzellent ausgebildeten Bürgern und einer relativ offenen Haltung zum Zuzug fähiger Ausländer.

Die Schweiz zieht bis zum heutigen Tag mehr Kapital an, als von dort abfließt. Dies resultiert in höherer Liquidität, tieferer Inflation (auch durch die Stärke der Währung) und tieferen Zinsen als anderswo, was wiederum zu wirtschaftlichem Erfolg führte und den Franken über Jahrzehnte immer stärker werden ließ.

Die SNB steckt in einer Sackgasse und schöpft nachfliessende Liquidität ab.

Die Entwicklung der Notenbankbilanz ist sehr eindrucksvoll. Zwischen 1995 und 2008 wuchs die Nationalbankbilanz (vgl. Grafikteil Seite 12ff) in dem Maße an, wie sich die Wirtschaft entwickelte. Ab 2008 gab es für die Expansion der Bilanzsumme der SNB eine raketenartige Entwicklung – bis zum heutigen Tag. Die SNB versucht, einen allzu schnellen Anstieg des Schweizer Franken zu vermeiden. Sie wird damit scheitern – wieder einmal, wie die Geschichte lehrt.

Der Kapitalzufluss in die Schweiz wird nicht nachlassen, weil die Grundparameter reichlicher Kapitalausstattung, tiefer Inflation, attraktiver Industrien und gut ausgebildeter Mitarbeiter vorhanden sind und bleiben. Die Verschuldung der Schweiz ist niedrig, das Nettovermögen der Schweizer sehr hoch. Selbst die Corona-Krise ließ die Schweiz kaum schwach aussehen, die Rezession verläuft hier milder als anderswo. Die Aussichten auf Erholung sind für die Schweiz mindestens ebenso gut wie für die USA und vermutlich besser als für die EU. Dies sind nicht die Voraussetzungen für eine nachhaltige Abschwächung des Schweizer Frankens. Anlagekapital in Form von Aktien oder Anleihen zu halten, mag angehen. Unternehmensliquidität in Schweizer Franken zu halten, ist jedoch aus meiner Sicht eine sehr schlechte Idee. Die Möglichkeiten der SNB sind erschöpft. Mit einer Bilanzsumme von 150 Prozent des BIP wird es langsam aber sicher unmöglich, die Balance zu wahren; die Risiken für die SNB gewaltig. Meiner Meinung nach gibt es kein Zurück mehr, und die SNB hat zwei Möglichkeiten, den Franken über den Jordan zu schicken. Beide sind unangenehm oder unrealistisch.

Unrealistisch erscheint die Erwartung, dass die Schweiz den Beitritt zur EU und zur Integration in den Euro auch nur erwägt – dies wäre der einfachste Ausweg für die Schweiz.

Unangenehm und vermutlich auch keine nachhaltige Lösung wäre die Einführung von Kapitalverkehrskontrollen, die den Kauf von Schweizer Franken von der Einzelzustimmung der SNB abhängig machen würde. Dies erscheint mir die bessere Lösung, weil den Portfolioinvestoren und Schweizer Unternehmen damit zwar der Weg in die Bilanzwährung erschwert werden kann, die Unternehmen in diesem Fall aber auch mehr Sicherheit haben, keine weiteren Aufwertungen des Frankens bilanziell bewältigen zu müssen. Geld, das in der Schweiz liegt, kann bei Einführung von

Kapitalverkehrskontrollen einbetoniert werden und womöglich wochenlang nicht verfügbar sein.

Die Frage lautet weniger, ob die SNB den Franken über den Jordan schickt, sondern vielmehr, wann sie das tut. Wir rechnen damit, dass dies durch die Entwicklung des US-Dollars in den kommenden Jahren bestimmt wird. Wenn der Dollar so schwach wird, wie ich das erwarte, kommt die Prüfung der SNB ab einem EUR/USD-Kurs von 1,30 zum Tragen.

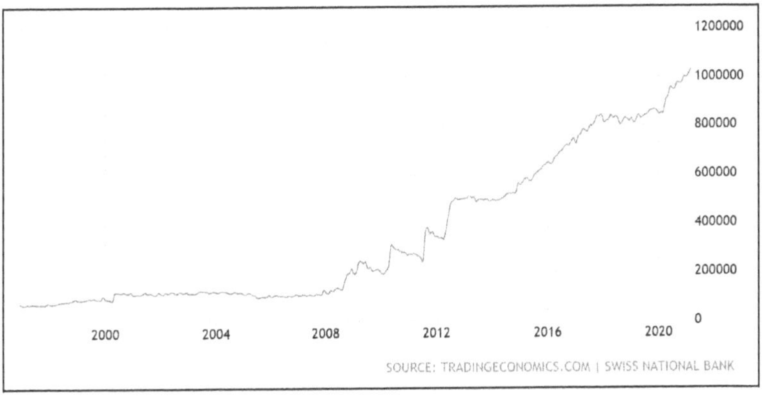

Bilanz der Schweizer Nationalbank: 2015 beendete die SNB die Stützung des EUR/CHF-Kurses von 1,20 mit dem Hinweis, dass sie die starken Devisenkäufe beenden wolle. Danach ging es erst richtig los! (Quelle: www.tradingeconomics.com)

12. Grafiken

Die folgenden Grafiken zeigen den Einfluss von Währungsschwankungen und den Sinn von deren Management.

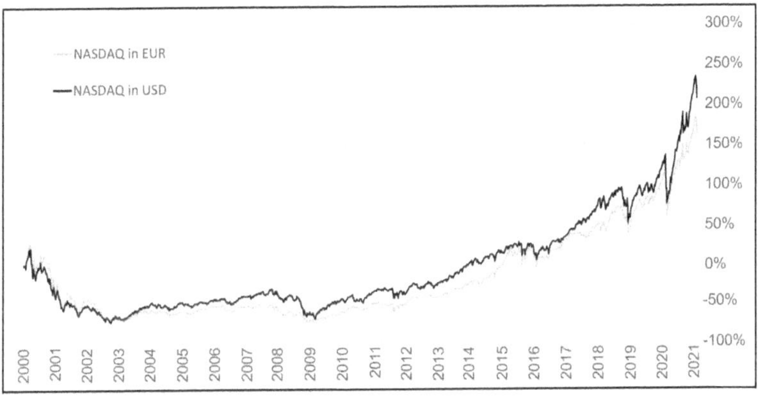

Vergleich er Wertentwicklung des Nasdaq in Euro und in US-Dollar: Es ist klar erkennbar, dass in Schwächephasen des US-Dollars die Wertentwicklung für europäische Anleger deutlich schlechter ist als im USD-Original-Index. In den vergangenen Jahren hat der US-Dollar gegenüber dem Euro deutlich abgewertet.

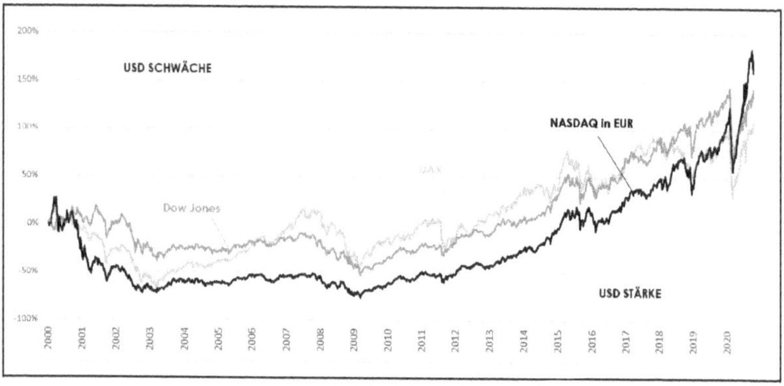

Bei Dollarschwäche (2000-2010) ist gut erkennbar, wie schädlich sich der Einfluss der Währungsrelationen auf die Wertentwicklung amerikanischer Aktien in Euro auswirkt. Die Börsenindizes stiegen in den USA damals an, der schwache US-Dollar machte aber für europäische Investoren die Performance zunichte.

In Zeiten der Dollarstärke (2011-2021) verlieren europäische Aktien im Vergleich zu US-Aktien, wenn deren Wertentwicklung in Euro dargestellt wird.

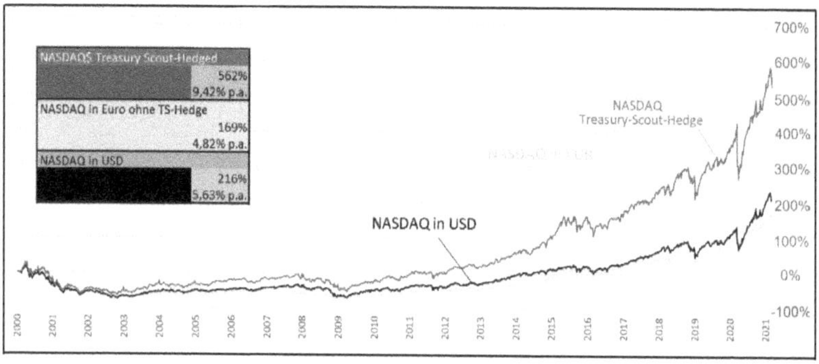

Aktives Währungsmanagement ist auch für reine Aktieninvestments ein Umstand, der langfristig eine Mehrrendite bringt. Die Ursache ist einfach: Große Währungstrends waren alle erkennbar und brachten schon für sich rund 100 Prozent Mehrertrag in den vergangenen 20 Jahren. Reinvestierte Sicherungserträge brachten sehr viel mehr Gewinn.

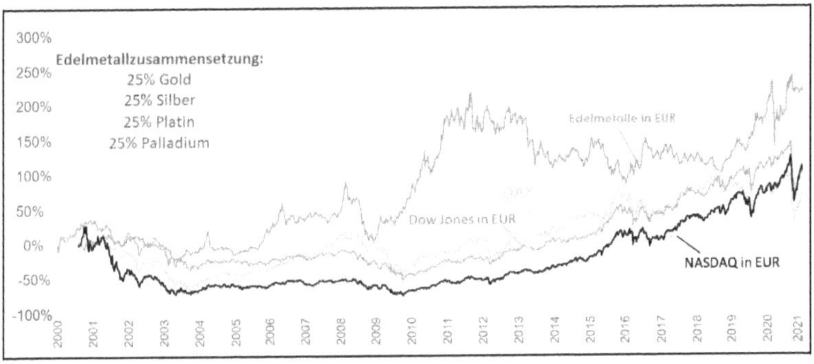

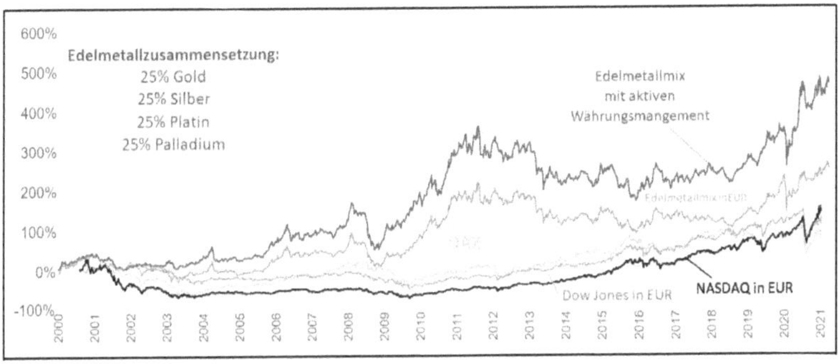

Aktives Währungsmanagement bringt langfristig hunderte Prozent an zusätzlichem Ertrag. Richtig angewandt führen Währungssicherungen langfristig zu Barerträgen, die reinvestiert das Ertragspotenzial deutlich steigern. Die braune Linie bildet dasselbe Investment ab wie die goldene Linie! Nur wurden hier meine Analysen der vergangenen 20 Jahre umgesetzt.

Warum ich die Meinung so vehement vertrete, Währungsrisiken nicht zu ignorieren

Wie sinnvoll es ist, Aktien und Edelmetallinvestments zu kombinieren, macht die untere Grafik deutlich. Die Währungsrisiken nicht zu ignorieren, ist der eigentliche Renditetreiber. Das gilt erst recht, wenn die Zinsen langfristig tief bleiben, aber auch wenn die Zinsen steigen. Dann werden Zusatzerträge aus der Währungsentwicklung notwendig sein, um überhaupt die Gewinnzone zu erreichen.

Glossar

Reits	Immobilienaktien
Repomarkt	Spezieller kurzfristiger Interbanken-kreditmarkt
Moral Hazard	Fehlanreize durch Notenbanken verleiten zu leichtsinniger Spekulation
Thatcherismus	Konservativ kapitalistische Reformen unter Premierministerin Margaret Thatcher
extrapolieren	Von einer bekannten Tatsache auf zukünftige Entwicklungen schließen
ETFs	Börsengehandelte Fonds
Bürokratur	Die Diktatur der Bürokratie
Cost Average Effekt	Durchschnittspreiseffekt bei sukzessiven Wertpapierkäufen

Zum Autor

Gerhard Massenbauer ist Unternehmensberater. Er hat sich auf die Beurteilung der Entwicklung von Währungen spezialisiert. Er veröffentlichte seit 1999 anfänglich zu vier Währungen, heute im Treasury Scout für über 30 Währungspaare monatliche Berichte, die auch veröffentlicht und in der Österreichischen Nationalbibliothek hinterlegt werden.

Dabei gelang es ihm im zurückliegenden Zeitraum von mehr als 20 Jahren, viele grundlegende Trendwechsel richtig und im Voraus zu erkennen und zu beschreiben. Wenn es um Bewegungen von mehr als 5 Prozent ab dem Zeitpunkt der Veröffentlichung ging, traten die erwarteten Entwicklungen dann auch in mehr als 90 Prozent der Fälle binnen zwei bis 18 Wochen ein.

Es ist möglich, Realität zu »denken«

Aufmerksam zu sein, vernetzt zu denken und die Faktoren korrekt zu gewichten: Das ist entscheidend für die Prognose, dass Marktteilnehmer ihr Verhalten ändern werden – was die Voraussetzung für Trendwechsel ist. Eine solche Analyse ist freilich komplex, weshalb es nur sehr wenige Menschen auf nachhaltiger Basis schaffen, diese Aufgabe erfolgreich zu bewältigen. Unmöglich ist dies aber nicht. Die Währungsanalyse wird in ihrer Bedeutung für den Anlageprozess und dessen Ergebnis in der Regel erheblich unterschätzt. Viele Wertpapierexperten und Volkswirte nähern sich der Währungsanalyse a priori in skeptischer Weise. Sie gehen fast durchweg davon aus, dass eine erfolgreiche Währungsanalyse nicht möglich ist. Diese Analysen sind deshalb oft nur unzureichend entweder fundamental oder charttechnisch orientiert, das sind aber nur zwei von acht Techniken, die Gerhard Massenbauer mit seinem Team anwendet. Er meint: Man darf zum einen keine Methode auslassen, die zur Erkenntnis beiträgt, und man muss zum anderen schnell und vernetzt denken können und ein gut geschultes Gedächtnis haben.

Das allein reicht aber immer noch nicht, die Qualität herzustellen, die Gerhard Massenbauers Arbeit konsistent über mehr als 20 Jahre kennzeichnet. Die Ursachen und Voraussetzungen dafür sind außerdem:

1. **Die eigene Haltung:** Es ist möglich, Währungen korrekt zu analysieren: Andere Analysten gehen an die Frage, ob Währungsanalysen treffsicher möglich sind, nicht mit der Haltung heran, eine Fehlbeurteilung wäre eine Form des persönlichen Scheiterns. Wer es nicht schafft, Währungsanalysen erfolgreich zu erstellen, scheitert schon an der Grundhaltung. Es ist möglich, erfolgreich zu sein.
2. **Währungsanalysen selbst zu schreiben ist eine Pflicht** eines guten Analysten: Der Hauptgrund, warum die Treasury-Scout-Analysen seit 20 Jahren konsistent hochgradig treffsicher sind, liegt darin, dass Gerhard Massenbauer die Analysen eigenständig verfasst. Sein Team unterstützt ihn dabei, die gewonnenen Erkenntnisse darzustellen. Im Schreib- und Denkvorgang ist er in der Lage, die richtigen Schlüsse in einem Gesamtkonzept der Überlegungen zum Marktgeschehen zu entwickeln. Dazu gehören Kenntnisse über viele Faktoren und Einsichten zu Korrelationen und Sondereffekten im Bereich der exotischen Währungen. Aktuell umfasst der Treasury Scout mehrere Hedging Reports mit rund 150 Seiten Währungsanalysen pro Monat. Dabei befasst sich Gerhard Massenbauer mit politischen, juristischen, volkswirtschaftlichen, psychologischen, geopolitischen, charttechnischen und historischen Aspekten von Entwicklungen und deren Auswirkungen auf das Verhalten der Marktteilnehmer.
3. Gerhard Massenbauer verfasst zusätzlich Monat für Monat rund 30 Seiten an Kapitalmarktanalysen. Kapitalmärkte sind Kapitalsammelgefäße. Für die Entwicklung an den Börsen sind die Interessen der Anleger/innen auch relativ einfach zu ermitteln:

4. a. Wo bekomme ich wie viele Zinsen beziehungsweise welchen Ertrag – und mit welchem Risiko?
5. b. Welche »Nebeneffekte« aus dem Bereich der Währungen können meinen Ertrag beeinflussen?
6. Kapitalmärkte werden von Gerhard Massenbauer analysiert, weil Entwicklungen bei Portfolioinvestitionen maßgeblich für die Währungseinschätzung sein können. Es ist dabei auch zu ermitteln, in welchen Ländern oder Branchen Kapital alloziert wird und warum. Das führt zur Einschätzung, wie Kapitalströme aufgebaut sind und wie sich infolge dessen auch Währungskurse verändern. Wenn man so wie Gerhard Massenbauer früh ermittelt, wann sich für Portfolioinvestoren Opportunitäten ergeben, ist es keine komplizierte Aufgabe zu deduzieren, dass und wie sich das Verhältnis von Währungspaaren zueinander verändern wird.
7. Link: www.thetreasuryscout.com

Nie wieder Zinsen

Gerhard Massenbauer

Wir leben in einer Zeit der Superlative. Die Staatsverschuldung der entwickelten Industrieländer hat das höchste Niveau seit Ende des Zweiten Weltkriegs erreicht. Leitzinsen von null oder nahe null Prozent in Kombination mit Anleihenkäufen haben das Zinsniveau auf den niedrigsten Stand seit Beginn der Aufzeichnungen gedrückt. Dies entlastet zwar die Staatshaushalte, nimmt dem Sparen aber jeglichen Sinn. Die Niedrigzinsen halten zu viele Zombie-Unternehmen und -Banken am Leben, was zu Überkapazitäten und Preisdruck führt. Niedrigere Margen sind die Folge. Es bleibt weniger Spielraum für Lohnerhöhungen. Stagnierende Einkommen wiederum beeinträchtigen den Konsum und somit das Absatzpotenzial der Firmen. In diesem Buch zeigt Gerhard Massenbauer deshalb erstmals neue Wege der Geldanlage auf, mit denen sich in der Nullzins-Eiszeit trotzdem noch Geld verdienen lässt.

208 Seiten | Hardcover | 19,99 € (D) | 20,60 € (A) | ISBN 978-3-95972-054-0